JN334150

日本におけるリトミックの黎明期
― 日本のリズム教育へリトミックが及ぼした影響 ―

板野晴子

ななみ書房

本著は平成27年度 「立正大学石橋湛山記念基金」の
助成を受けて出版したものである。

はじめに

　2015年はエミール・ジャック＝ダルクローズ（Jaques-Dalcrose,Emile 1865-1950　以下，ジャック＝ダルクローズと表記）の生誕150周年であった。我が国のリトミック関係の学会や研究会においても，本年7月にジュネーヴにおいて開催された国際大会 IJD CONGRESS 2015 に集ったのは，教育家，音楽家，舞踊研究家，心理学者……という，リトミックが関連する多分野に亘る専門家，研究者らであったという報告がなされた。

　本著は2013年に発表した学位請求論文に加筆，修正したものである。複数年を費やしたこの研究は，日本におけるリトミックの導入の歴史に関わった人物の後継者，関係者，資料の発掘等により，なんとか成し得たと思っていたのであるが，この達成感はすぐに焦燥感に変化した。ジャック＝ダルクローズが創案したリトミックは，教育，哲学，心理，芸術，身体…多岐に亘る分野の事柄を包括しており，日本においても多分野の先人らがリトミックに触れ，学び，活用し，教育にかかわっていた，という状況にあったからである。執筆中，我が国のリトミックの歴史のほんの一部にしか踏み込んでいないことを自覚させられた。この博士論文に纏めた内容を再確認していく段階においても，更に新たな史実が浮かび上がり，先に発表した論文の内容や人物評価に新たな側面が加えられ，修正された部分もある。日本におけるリトミックの歴史研究というテーマの前に，未だ課題が山積していることを今更ながら痛感している。

　音楽教育法であるリトミックが多分野の内容をも含んでいるのは，1章に記したルソー，フレーベル，ペスタロッチらの教育思想に近接するジャック＝ダルクローズの理念に因るものである。2章の白井規矩郎，3章の倉橋惣三，4章の石井漠らの取り組みが，日本におけるリトミックの黎明期を形作り，5章の小林宗作，天野蝶，板野平らの取り組みによって，リトミックは

音楽教育法として再認識され，普及していった。5章の3者は現在の我が国のリトミックの導入期を担った人物である。

　特に，5章でふれた3者によるリトミック導入の状況に実際に触れている我々は，その記憶と記録を日本におけるリトミックの発展期・充実期を担う後進に伝えてゆかねばならないと考える。本著の内容は，この導入期へ辿り着くまでの潮流の一端を明らかにすることが中心となっている。

　なお，挿入写真は数年前にジャック＝ダルクローズの軌跡を辿るためジュネーヴやヘレラウを訪れた際に撮影したものである。また，明星大学図書館からは，貴重図書の撮影と拙著への携載をご許可いただいた。

目　次

はじめに

第1章　日本のリトミック導入に影響を与えた
　　　　　ジャック＝ダルクローズの教育思想

1　ジャック＝ダルクローズの出生とリトミックの概要　7
① ジャック＝ダルクローズの幼年期の環境　7
② 修業時代　8
③ ジャック＝ダルクローズの活躍の地　9
④ リトミックの概要　10

2　ジャック＝ダルクローズに影響を与えた思想家らの教育観　12
① ルソーの教育観とジャック＝ダルクローズの教育観　12
　❶ 同国民としての共通点　12
　❷ ジャック＝ダルクローズが述べたルソー　18
　❸ ジャン＝ジャック・ルソーの音楽教育論　20
② ペスタロッチの教育観とジャック＝ダルクローズの教育観　24
③ フレーベルの音楽教育観とジャック＝ダルクローズの音楽教育観　27

第2章　白井規矩郎による体操教育とリトミック

1　白井規矩郎によるリズムに合わせて行う身体運動　35
① 白井規矩郎研究の課題と設定　35
② 先行研究　37
③ 白井規矩郎の著作について　38
④ 教科書・指南書の作成と遊戯　39
　❶ 音楽教科書の作成　39
　❷ 白井規矩郎による遊戯　40

2　体操教育との関連　43
　　　① 成瀬仁蔵の身体教育と音楽観　44
　　　② 白井規矩郎の身体教育と音楽観　46
　　　③ 白井規矩郎による韻律体操の取り組み　48
　　　　❶ リトミックの実践と紹介　49
　　　　❷ 白井規矩郎のリトミック観　51
　　　④ 体操教育への導入者としての役割　53

第3章　倉橋惣三による幼児教育とリトミック

　　1　倉橋惣三のリズム教育の理念に関する一考察　59
　　　① 倉橋惣三研究の課題と設定　59
　　　② 資料『幼児の教育』について　61
　　　③ 倉橋惣三の幼児教育観と
　　　　　ジャック＝ダルクローズのリズム教育観　62

　　2　倉橋惣三のリズム教育観の変遷　63
　　　① 幼児教育における動きの重要性　63
　　　② 幼児教育へのリトミックについての否定的見解　64
　　　③ 幼児教育へのリトミックについての肯定的見解　68
　　　④ 幼児教育へのトミック導入の検討者としての役割　73

第4章　石井漠による舞踊教育とリトミックの導入

　　1　石井漠によるジャック＝ダルクローズの
　　　　リズム観の受容に関する研究　77
　　　① 石井漠研究の課題と設定　77
　　　② 先行研究　79
　　　③ 石井漠がリトミックを紹介されるまでの経緯　80
　　　　❶ 石井漠と帝国劇場　80
　　　　❷ 石井漠が山田耕筰から受けた示唆　82

2 石井漠の述べる「舞踊詩」と舞踊観　84
  ① 石井漠の「舞踊詩」の理念　84
  ② 石井漠の舞踊観　85
    ❶ 音楽的要素（伴奏）　85
    ❷ 絵画的要素（衣装，背景）　86
    ❸ 文学的要素　89
  ③ 舞踊の純粋化のためのリトミック活用者としての役割　90

第5章　日本の音楽教育へのリトミック導入に関わった人物

 1 小林宗作の果たした役割とその背景　96
  ① 小林宗作によるリトミック導入の経緯　96
  ② 小林宗作の音楽教育観　101
  ③ 小林宗作の果たしたリトミック導入における役割　104

 2 天野蝶の果たした役割とその背景　106
  ① 天野蝶によるリトミック導入の経緯　106
  ② 天野蝶の音楽教育観　110
  ③ 天野蝶の果たしたリトミック導入における役割　114

 3 板野平の果たした役割とその背景　117
  ① 板野平によるリトミック導入の経緯　117
  ② 板野平の音楽教育観　120
  ③ 板野平の果たしたリトミック導入における役割　131

 まとめ　135

おわりに
取材協力・資料提供者一覧
謝　辞

第1章
日本のリトミック導入に影響を与えた
ジャック＝ダルクローズの教育思想

1　ジャック＝ダルクローズの出生とリトミックの概要

①　ジャック＝ダルクローズの幼年期の環境

　エミール・ジャック＝ダルクローズは，幼少期はエミール＝アンリ，青年期まではエミール・ジャックと呼ばれていた。彼は1865年7月6日に，オーストリアのウィーンにおいて生を受けた。父のジュール＝ルイ＝リュシアン＝オーギュスト・ジャックは，スイスのオルゴール村として名高いヴォー州のサン・クロワ（Sainte-Croix）出身である。サン・クロワは200年ほど前からヨーロッパの貴族を魅了した時計やハープ，オルゴール等の名品を作り，スイスの伝統工芸を受け継いでいる地である。エミール・ジャックの父は，世界で最も優れたウォッチメーカーがひしめくウィーン市中心にあるオーデマ・ピゲ，メルモン兄弟の諸会社[①]の代表人を務めた人物であった。

　母のジュリー（旧姓ジョーナン）は，同じくヴォー州のイヴェルドン・レ・ヴァンの出身である。イヴェルドンはスイスの教育思想家，ペスタロッチ1804年より教育実践を行った地でもあり，その後20年間全ヨーロッパの教育の中心地ともなった。現在，イヴェルドン城内にはペスタロッチの記念館，歴史・郷土博物館，ファッション博物館などが入っている。音楽家でもあり教育者でもあったジュリーは，イヴェルドンでペスタロッチの教育思想に触れる環境にあったともいえる。エミール・ジャックは裕福な知識人の家

族の一員として，幸せな幼年時代を過ごしたのである。

　エミール・ジャックは，6歳になってから音楽の手ほどきを受けたピアノ教師に親しみを抱くことができなかった。なぜなら，そのピアノ教師は彼が気まぐれにピアノを触って音と戯れることを好まなかったからである。それどころか，「あなたの子どもには音階や耐え難い曲だけを弾かせるようにしなさい」と，母親のジュリーに進言していたことを知った。繊細な感受性の持ち主であったエミール・ジャックは，幼い彼なりに「耐え難い曲だけを弾くこと」の意味を何度も反芻したのであろう。ピアノ教師の提案に対しての小さな不満から見出した解答は，数年後に彼が確信を持って述べる「子どもが，リズムの能力や音の認識の能力をもつことが歴然と見てとれるようになる以前に，楽器の稽古を始めさせるのは，まことにナンセンスである（中略）ピアノにちょっと触らせる，メロディを探させる，即興的に和音進行を作らせる，といったことなら結構だが，曲の練習はさせてはならない。指のテクニック，楽譜の速読，音楽内容の理解という三重苦から，生涯消えない神経の疲労がよく発生するのである」[2]という文言に表れている。

②　修　行　時　代

　幼いエミール・ジャックは，ヨハン・シュトラウスがワルツ曲を演奏している最中に，彼の後ろで定規を指揮棒に見立てて真似をした。それを見たシュトラウスに「この子は大した音楽家になる」と言わしめた事，7歳で行進曲を作曲した事，12歳で大見世物芝居の上演を企画，組織したことなど，未来の音楽家になるべくして，その才が十分に現わされていたエピソードは少なくない。1875年にジャック家はジュネーヴに落ち着くことになった。彼が通った私立の小学校は，ユーモアの精神を持ったテプファー流の教育を採用していた。テプファー（Rodolphe Töpffer 1799-1846）は1832年にはジュネーヴ大学（当時のジュネーヴ・アカデミー）で文学の教授に就任し，教育者として活躍した人物である。彼による漫画や短編小説は，その背景の

19世紀の社会を風刺的な観点で捉えており，ヨーロッパ各地で人気を集めた。時折垣間見せるエミール・ジャックの陽気さは，「大好きな」[3]小学校において触れたユーモアと自由の精神への愛着から芽生えたものとも考えられる。

エミール・ジャックが音楽家を天職としたのは，彼と同名の叔父であるエミール・ジャック（1826-1880）からの隔世遺伝であるとも言われている。叔父はロンドン，バース，ローザンヌで音楽の教師をし，最後のローザンヌにおいては1867年から7年間，音楽学校の教授であった。同時代，エミール・ジャックの周辺には叔父のエミール＝ジャックの他に，もう一人ポルカ作曲家のエミール・ジャックがいたため，彼らとの混乱を避けるために，ジュネーヴ時代の友人であるヴァルクローズの名の一部を借りて，エミール・ジャック＝ダルクローズとしたというエピソードがある。

③　ジャック＝ダルクローズの活躍の地

1892年，エミール・ジャック＝ダルクローズはジュネーヴ音楽学校の教授に就任した（これ以降，ジャック＝ダルクローズと記す）。ジャック＝ダルクローズはリトミックを普及させるために，教え子たちを率いてドイツ，オランダ，スウェーデン，イギリス等を講演行脚すると同時に，リトミックの拠点をジュネーヴに作ろうとした。しかし，ジュネーヴでは彼が望む十分な場所と時間がリトミックに割かれず，また十分なコースの体験をせずに各所でリトミック教師として教壇に立つ者が増加していた。こうした不満から，彼はヘレラウからの勧誘を承諾し，1911年にヘレラウの学院に就任すると，彼は「たちまち国際的に高名をはせる」[4]ほどの評価を得た。端正な祝典劇場［写真1］の姿は，正にヘレラウでの成功のシンボルともいえよう。田園都市として作り上げられたヘレラウと，リトミックの相乗効果により，輝かしい結果を導き出し成功を収めたものの，ジャック＝ダルクローズはその後，あまりに舞台芸術との結びつきが強くなりすぎることに違和感を持ち始め

［写真1］　ヘレラウシュピールハウス（祝典劇場）

た。また，ドイツ軍がフランスのランス大聖堂へ砲撃を行ったことに対しての抗議声明にジャック＝ダルクローズが署名したことに対してのマスコミからの糾弾が激しくなった，というこれらの要因が相まって，彼はヘレラウを去ることになったのである。ジャック＝ダルクローズは1926年の秋，正式にジュネーヴに帰り，ダルクローズ学院には理事局が再設された。2年後にはジュネーヴの小学校ではリトミックは準公式的に採用することとなった。更に19のクラスではリトミックを正規に採用したのである。このことにより，リトミックは本来の音楽教育としての目的を持つ方法として回帰したと言える。

④　リトミックの概要

　リトミックは，ジャック＝ダルクローズがジュネーヴ音楽学校で教鞭をとった時に，生徒たちが感覚から切り離された抽象的な観念によって音楽を解釈していることに気付いたことから創案された。身体を通したリズムの感覚を筋肉感覚として意識し，空間―時間―力を融合させる方法である。ジャッ

ク＝ダルクローズは「音楽に於いて，最も強烈に感覚に訴え，生命に最も密接に結びつく要素というのは，リズムであり，動きだ」と述べ，聴く力の育成と身体的感覚の確立を意識した方法を提唱した。ジャック＝ダルクローズの理論の原型となっているリズム運動，ソルフェージュ，即興のそれぞれは22種の学習項目に分けられている。

　例えば，リズム運動では　≪1. 筋肉の弛緩と呼吸の訓練　2. 拍節分割とアクセントづけ　3. 拍節の記憶　4. 目と耳による拍子の迅速な理解　5. 筋肉感覚によるリズムの理解　6. 自発的意志力と抑止力の開発　7. 集中力の訓練，リズムの内的聴取の創出　8. 身体の均衡をとり，動きの連続性を確実にするための訓練　9. 数多くの自動的作用の獲得と，自発的意思の働きでもってする動作との結合を交替を目的とした訓練　10. 音楽的時価の表現　11. 拍の分割　12. 音楽リズムの即時身体表現　13. 動きの分離のための訓練　14. 動きの中断と停止の練習　15. 動きの遅速の倍加や3倍加　16. 身体的対位法と 17. 複リズム　18. 感情によるアクセントづけ－強弱法（dynamiques）と速度法（agogiques）のニュアンス（音楽的表現）　19. リズムの記譜の訓練　20. 即興表現の訓練（想像力の開発）　21. リズムの指揮（他者―ソリストたちや集団の面々―に自分の個人的感覚・感情を速やかに伝達すること）22. いくつもの生徒のグループによるリズムの実演（音楽的フレージングの手ほどき）≫というように，22の項目が列挙されている。

　これらのリズム運動，ソルフェージュ，即興演奏の様々なサブジェクトの内容を学習することによって，音楽の様々な要素の「調和のとれた総合」を目指す音楽教育法がリトミックであるといえる。ジャック＝ダルクローズ研究家のクレル＝リズ・デュトワは，リトミックはジャック＝ダルクローズが≪人格の音楽≫[5]とも名づけている，と確認している。ジャック＝ダルクローズが，人格の形成に関与する教育としてリトミックの理念を構築していったその背景には，何名かの思想家の教育観が影響していると考えることができる。

2 ジャック＝ダルクローズに影響を与えた思想家らの教育観

① ルソーの教育観とジャック＝ダルクローズの教育観

　ジャン＝ジャック・ルソー（Jean-Jacques Rousseau, 1712-1778）は教育思想家として18世紀のフランスで活躍した人物である。ルソーは教育，言語，政治等の多岐にわたる論を発表する一方で，学問・芸術にも関心を寄せており，著作の中には音楽教育について言及している部分を見ることができる。元来ルソーは音楽家を目指していたこともあり，作曲も行っている。『告白』[6]にはトレトランという名の法学教授に招待された際に作曲をし，この自作の曲で羞恥的な結果を招いたこと，他日はフランス国王と全宮廷の前では心地よい賞賛の声を聞いたことなど，ルソー自身によって彼の音楽教育家・作曲家としての一面が記されている。一方，ジャック＝ダルクローズは音楽教育家であることはもちろんであるが，彼の教育理念の中には教育，言語，政治等にも言及していると思われる部分を見だすことができる。それらの中からルソーとジャック＝ダルクローズの述べた音楽教育観について抽出し，考察を加えていきたい。

1 同国民としての共通点

　ルソーは，スイスのジュネーヴに生まれ，16歳まで過ごした［写真2］［写真3］。ルソーは自らの出生について，「わたしは一七一二年にジュネーヴで，市民イザック・ルソーと，同じく市民シュザンヌ・ベルナールとのあいだに生まれた」[7]と記している。また，『エミール』の1762年ネオーム版の扉の表題　ÉMILEの3行下には　Citoyen de Genève と表記がなされている。『告白』においても「ジュネーヴ生まれのパリ人」[8]と自らを称している。ルソー自身がジュネーヴ出身であるということを複数の箇所，機会を賭して記して

第1章　日本のリトミック導入に影響を与えたジャック゠ダルクローズの教育思想　　13

［写真2］　ルソーの生家正面

［写真3］　ルソーの生家前の小路

いることから察するに，彼は"ジュネーヴ市民である自分"を肯定的に捉えていたといえる。

ジュネーヴは政治的権利をめぐっての講義と反抗が，市民，町民，他の階級も加わり，しばしば起きている地でもあった[9]。『エミール』の中には「敵に町をおそわれ，冬のさなか，真夜中に目をさまされたジュネーヴの人たちは，靴よりも先に銃をとりあげた。もしかれらのうちのだれ一人としてはだしで歩くことができなかったとしたら，その時ジュネーヴは占領されずにすんだかどうだか，しれたものではない」[10]というくだりがある。ジュネーヴの市民は思いがけないことに対しても，常に適切な判断を以って対応する用意をしていたこと，このことがジュネーヴを外敵からの支配から守った要因であると誇っている。また，ルソーは『エミール』の文中，「思いがけない事件にそなえて，いつも人間を武装させておくことにしよう」[11]と述べている。ここで述べられている武装とは，銃などの武器ではない。身体の動きの準備をすることがルソーの述べる武装の意味である。続く文には「エミールが毎朝はだしで部屋の中を，階段を，庭の中をかけまわっても，彼をしかるどころか，わたしもかれのまねをするつもり」[12]であると記されている。足の皮膚の感覚を研ぎ澄ませることの重要性をルソーは「なぜわたしの生徒はいつも足の下に牛の皮を着けているように強制されなければならないのか。必要に応じてかれ自身の足の皮がじかに土を踏むことにどんな害があるというのか」と綴り，さらに以下のようにも述べている。

身体の発育を助けるあらゆる行動をすることを，あらゆる姿勢でらくにしっかりと身をたもつことをかれは学ばなければならない。遠く，高く，跳びはねたり，木によじのぼったり，塀を飛び越えたりすることができなければならない。いつでも均衡をたもてなければいけない。あらゆる運動，動作は，力学が釣り合いの法則をかれに説明することになるずっとまえから，その法則にしたがってなされなければならない。どん

なふうに足が地上におかれれば，体が足のうえにあれば，自分は快適な状態にあるか，不快な状態にあるかを知らねばならない。[13]

これは，ジャック＝ダルクローズが学生らに裸足でレッスンをしたエピソードや「生徒たちは自分の存在全体の中に，立ったり，座ったり，均衡を保ったり，調和をとったり」[14]する方法で，動きの感じ取り方を学ぶ必要があると述べている部分にも通じる興味深い記述である。これらのことから，体の動きが感覚と精神を刺激すると考えていたルソーとジャック＝ダルクローズの意識には共通の部分を見だすことができる。

ジャック＝ダルクローズの父はスイスのヴォー州のサン・クロワ出身，母はイヴェルドンの出身である。親の代からスイス人であったジャック＝ダルクローズは，ジュネーヴとの関わりが深い。彼が生涯の中で最も長く過ごした地はジュネーヴである。ジャック＝ダルクローズが10歳の年に両親はウィーンからジュネーヴへと引っ越した。ジュネーヴは「カルヴァンの都」とも称されている土地である。ジャン・カルヴァン（Jean Calvin, 1509-1564）は，ジュネーヴにおいて宗教改革を行い，それに伴う政治・社会・生活の改革に生涯を捧げた。彼はマルティン・ルターやツヴィングリと並び称される神学者として名高い人物である。カルヴァンが創設したジュネーヴ大学前のバスチヨン公園にはカルヴァンの生誕400周年に作られたカルヴァン，ギョーム・ファレル（Guillaume Farel），テオドール・ド・ベーズ（Théodore de Beze），ジョン・ノックス（John Knox）のレリーフがある[写真4]。彼らの理念はプロテスタントのジュネーヴの商工業者の間にも浸透していったのである。ジャック＝ダルクローズの父が時計商の代表人でもあったということは先述した[15]。商工業的にもカルビニストあっての発展をしたジュネーヴの街の雰囲気の中で，ジャック＝ダルクローズは育ったのである。ジャック＝ダルクローズが「事実上ジュネーヴの人」[16]となったのは1875年であった。

［写真4］　宗教改革記念碑

　ジャック＝ダルクローズは「学校音楽教育改革論」の中で，「国民の進歩は，その子どもたちに与えられる教育にかかっている」[17]と述べ，音楽教育が国民の意識向上をも担う可能性を持っていることを示唆している。そのための計画について「未来に向けて，音楽芸術の実践についての知識をもち，音楽芸術を世に広め，愛好されるものにしようという熱烈な欲求に駆られた有能な教師たちをつくり上げるという高尚な使命を全力で成し遂げる」[18]とも表明している。この「優秀な教師たちをつくり上げる」という改革の方法がリトミックであった。1922年，ジャック＝ダルクローズは論文「改革を待つ」を発表し，「音楽はどの芸術よりも個々人を統一し，合一と結合の普遍的な精神を注ぎ込み，この組織化された社会の心臓に快活な情熱と情動的な活力の焦点を作り出す力を持っている」[19]と述べている。そして「世界が始まって以来，人々をグループにまとめてきたのは音楽的リズムだ」，「音楽の民主化を想っている」，「これらの計画を実行に移す」，「ならば一緒に"待つ"ことにしよう」と言葉を重ね[20]，リトミックが音楽教育の改革的方法であると説いている。

ジュネーヴの地で豊かな感受性と精神性の形成をしたルソーとジャック＝ダルクローズは，共に改革者としての共通項を持っている。前者は教育思想において，後者は音楽教育法において改革を試みたのである。
[写真5][写真6]

［写真5］　ジャック＝ダルクローズ通りの標識

［写真6］　ジャック＝ダルクローズ通り

2 ジャック＝ダルクローズが述べたルソー

ジャック＝ダルクローズは，*La réforme de l' enseignement musical a l' école*[21]の中で「ジャン＝ジャック・ルソーはフランスにおいて，その時代の最も重要な音楽理論家の一人とみなされたのである」[22]と述べ，音楽家としてのルソーを評している。この文からは，ジャック＝ダルクローズが音楽家としてのルソーを高く評価し，その音楽教育の理念を重視しているという事が判る。ルソーとジャック＝ダルクローズは音楽家としての共通事項も持っている。さらに，ジャック＝ダルクローズは自身の著作の中で，ルソーの他にも何人かの教育哲学者らの考えに言及している。

ジャック＝ダルクローズは，「ただの職業的な音楽家」[23]は，学習計画の中では傍流の科目としての扱いとしてしか音楽を見ていない，と批判をした上で，ルソーをはじめとする，モンテーニュ，ヘルベティウス，ロック，ライプニッツ，ゲーテ，シラーらの先賢者らの名を挙げ，彼らの述べる教育全体の中では音楽に高い位置づけがなされている，と述べている。ジャック＝ダルクローズは「模造や機械的な学習，歌謡の詰め込みがなされている学校の音楽授業は，上述の偉人たちが築いたものとは，はなはだ異なった音楽観である」[24]と断言している。

全体的に見るとジャック＝ダルクローズはルソーを「賢人」「偉人」らの中の一人として名を挙げており，ルソーから受けた影響のみを殊更強調しているわけではない。しかしジャック＝ダルクローズの次の記述「真の教育者は，同時に，心理学者，生理学者，芸術家でもあらねばならない。一人前の市民として学業を終えるには，まともな生活を送ることができるだけでなく，生の感動を感じ取る能力を備えていなければならない」[25]からは，哲学者でもあり，教育者でもあり，音楽家でもあったルソーをイメージした表現が少なからずも見られると受け止めることが出来る。

ルソーの『エミール』は，副題「教育について」が示しているように，教育論の本であり，子どもの教育を肉体的な面，生理学上の問題として捉え，

更に「子どもは小さな大人ではない」と述べて発達心理学的見解をも示している。『エミール』をはじめとするルソーの著書には音楽と教育の関係が記されており，まさにルソーはジャック＝ダルクローズの述べる多様な才能を持った人物であるといえる。

ジャック＝ダルクローズは1914年『六月祭』[26]や1923年の『青春と歓喜の祭典』[27]に見られるように，種まき，脱穀，落穂ひろいのような職業的動作を様式化し，利用すべきと考えていた。ジュネーヴにあるルソー研究所（Institut Jean-Jacques Rousseau）は，1912年にジュネーヴ大学の心理学実験室長であったクラパレードによって設立された。ジャック＝ダルクローズ研究家のアルフレット・ベルヒトルドは「ルソーと，葡萄経営者祭の大きな教訓とによって育まれた音楽家」[28]とジャック＝ダルクローズを評し，さらに「クラパレードとの数回にわたる会議で，ジャック＝ダルクローズは欠かすことの出来ない用語法を教わり，彼の教育的，審美的探求を科学的事実に結び付けることができた」[29]とも記している。職業的動作については，ルソーも『エミール』の中で言及している。

> 技師や測量師や建築家，大工，画家などは，一般に，わたしたちよりもはるかに的確な一瞥でものを見ているし，空間にあるものの大きさをいっそう正確に評価する。彼らの職業がその点について私たちが獲得するのを怠っている経験をあたえ，角度にともなう見かけ，これはその角度の二つの原因の関係をかれらの目にとってはもっと正確に決定するものとなる。[30]

ルソーはこのように，身体の動きを活用して空間の距離を測り，認識し，推定することに関しては職業的な興味，経験から働きかける方法があることを記しており，この部分にもルソーとジャック＝ダルクローズとの共通の考えを見出すことができる。

音楽教育が為すべきことは，未来に向かう力を備える事，つまり人間の諸能力を導きだすことが重要である，というジャック＝ダルクローズの考えに，ルソーが及ぼした影響が大きかったとするには短絡すぎるであろうが，両者の考えや思想の背景に近似の部分があり，ジャック＝ダルクローズがルソーの音楽教育家としての一面をも認識し，その理念に触れていたことは確かである。

❸　ジャン＝ジャック・ルソーの音楽教育論

　本節においては音楽家としてのジャン＝ジャック・ルソーがどのような音楽教育論を展開しているのかを，教育論的作品『エミール』を基に検討し，ジャック＝ダルクローズとの共通理念を見出していく。ルソーの音楽教育に関する見解について，板野（2008）は[31]『告白』や『音楽のための新記号案』，『新エロイーズ』との関連を含めて，ジャック＝ダルクローズとの比較を交えて論じており，新記号案や番号唱についての検討がなされている。よって，本節では，① 触覚による空間の把握，と② 唱法，について着目していく。

①　触覚による空間の把握

　ルソーは触覚を活用し空間を把握することが楽器の習得の際には効果的である，と述べている。

　　触覚を用いることが視覚をおぎなうことになるように，それはある程度まで聴覚をおぎなうことにもならないわけはあるまい。音は，音を発する物体に触覚に感じられる振動をひきおこすからだ。チェロのうえに手をおけば，目や耳の助けをかりなくても，胴体の振動のしかただけで，それが発する音が鈍い音であるか鋭い音であるか，第一絃からでているのか低音の絃から出ているのか区別することができる。[32]

ルソーは音楽学習の際には音質や音の高低の区別ができるようになることが重要であるとして，楽器の振動と骨伝導とを活用して感じとるような触覚を訓練することが必要であると考えたのである。続けてルソーは「手をもちいてする仕事や遊びについてはいずれ」[33]としたうえで，裸足の感覚から教えられた子どもの感覚は，触覚，視覚の働きを得て，人間の意識を「外へひろげる」[34]と述べている。ルソーは「視覚は人をだましやすいもの」と評している。「空間を認識し，そのいろいろな部分を比較できるためには，遠近による錯覚そのものがわたしたちには必要なのだ」[35]，「視覚の器官を触覚の器官に従属させ，いわば性急な視覚を鈍重な触覚の制限された歩みにあわせて抑制する必要がある」と述べている。

ジャック＝ダルクローズは，1902年の研究書『リトミックと盲人教育』において，「教育に関心のある者は，あれこれの原因で視覚や聴覚の機能を失った大勢の人に心をとめる」[36]と述べ，リトミックが視覚障害者にもたらすことのできる援助の可能性について著している。1930年までにリトミック教育が治療という領域において，ジュネーヴ，バルセロナ，ロンドン，パリ，チューリヒ，グラスゴウ，ブレスラウの教育または療育の施設において適応されていることが，クレル＝リズ・デュトワ＝カルリエによって報告されている[37]。ジャック＝ダルクローズはヘレラウでの健常児対象のリトミックレッスンにおいて，視覚に関する実験を行ったことを以下のように記している。

> 視覚が挙動・集中力・エネルギー・神経状態に与える効力を分析してみようと思いたった。すぐにわかったことは，光を奪った時，神経を使う課題ははるかに注意力を必要とすること，（中略）冷静で明晰な知力，それに柔軟で弾力のある筋肉を具えている子供だけがその訓練に楽しみを見出して，距離と方向感覚，線と形の明確な観念を与え，空間の把握力を強め，動的触覚感覚（motor-tactile sense）を高めるための課題を自分のものとするということであった。[38]

このように，ジャック＝ダルクローズは教育者ルソーと同様に，空間や方向の感覚器官を鍛えるべきであると考えたのである。また，以下のジャック＝ダルクローズの記述からも，ルソーの視覚に対する考察と近似の考えがあることが読み取れる。

> 我々の眼は空間の本当の比率を図ることを妨げ，加えて遠近に関して我々を欺く。しかし我々が目を閉じ，12歩歩いて止まれ，と言われる時，筋肉意識は横切る空間い対する正確な情報を与え，我々はそれに共感する。（中略）この，筋肉と空間の壮観の学習で主要なことは，盲人が自分の歩みを確信し，その安全さが作り出す心の平静さを持っているのだということを確信することである。[39]

ルソーとジャック＝ダルクローズは，音楽学習に触覚を活用し，発展させる方法を探求している。足の歩みから，身体上の筋肉と空間の把握がもたらす可能性を考察している部分も共通している。両者は障害者への教育に対して，聴覚，触覚，身体運動が感覚を十分補う働きをすると考えた。結果，ジャック＝ダルクローズは，その効果を子どもたちに実際に実験を行い，確信を得るまでに至っている。

2 唱法について

ルソーは『エミール』の第2編において，唱法についての彼の見解を示している。「CとAは一定の変わらない音を示し，常に同じ鍵によって音を出す。utとlaはそれとちがう。utはつねに長旋法の主音か短旋法の第三音である。laはつねに短旋法の主音か長旋法の第六音である」[40]ルソーがソルフェージュの際に採用する方法として望ましいと考えていた唱法は，移動ド唱法である。ルソーは固定ド唱法を「フランス人が自然の音階唱法と呼んでいるものほど奇妙なものはない」[41]として，これらの唱法による音楽学習の

混乱を避ける努力と「楽しみごとでなくならないようにする」[42]配慮が必要であると述べている。ルソーの移動ド唱法の提唱は，長旋法と短旋法という「二つの旋法」を念頭においてなされたものである。

　一方のジャック＝ダルクローズは固定ド唱法を基本としている。学習を進める上で，数字唱の方法を組込んでいる。①で前述したように，ルソーは触覚・視覚・聴覚等の身体の感覚を音楽学習に活用することを提唱している。ジャック＝ダルクローズはその感覚を身体運動を活用する方法で積極的に取り入れた。ルソーは唱法においても音と音の隔たり，距離という，いわゆる相対関係を重要視したソルフェージュの方法がふさわしいと考えたのである。ルソーとジャック＝ダルクローズの両者が提唱した教育方法の一部が近似のものであることは，ジャック＝ダルクローズ研究家のアルフレッド・ベルヒトルドの記述によっても窺い知ることができる。

> 　シャルル・デュランは，リトミックを「若い俳優の養成に欠くことのできない造形教育の方法」だと考えているし，フィルマン・ジェミエもダルクローズのことを「現代における音楽のジャン＝ジャック・ルソー」と呼んでいるのである。[43]

　ここには前衛演劇人デュラン（Charles Dullin 1885-1949）や，同国の演出家・俳優のジェミエ（Firmin Gémier 1869-1933）の名が挙げられ，リトミックが若者の教育に必要であること，ルソーの教育理念とも解釈される内容を含んでいることが，フランスの演劇界において認識されていることが分かる。以上のことからも，ルソーとジャック＝ダルクローズの音楽教育観には非常に近い考えが示されていると言える。

② ペスタロッチの教育観とジャック＝ダルクローズの教育観

　ジャック＝ダルクローズは，1902年にローザンヌの音楽学校において自らの持つリトミックの思想について講演をしている。この半年後，ジュネーヴ音楽学校において特別クラスが開講されるが，このクラスでは「『ステップを踏む』最初の試み」[44]がなされた。祝典劇場での成功にも見られるように，リトミックは舞台表現においてもその効力を評価されていたが，ジャック＝ダルクローズはそれ以上に音楽教育としてリトミックを深化する試みを継続していった。

　その取り組みから，ジャック＝ダルクローズは彼の良き理解者であったポール・ブップルから「音楽のペスタロッチ」[45]と呼ばれている。ジャック＝ダルクローズとペスタロッチの共通項としては，両者共にスイス人であるという事が真っ先に挙げられよう。ジャック＝ダルクローズとペスタロッチに関する事項としては，ジャック＝ダルクローズの母親，ジュリー・ジョナンの出身が，ペスタロッチが教鞭をとったことのあるイヴェルドンの出身であり，彼女もまたペスタロッチ主義の音楽教師であったことが挙げられる。[写真7][写真8]

［写真7］
ヨハン・ハインリッヒ・ペスタロッチ
（Johann Heinrich Pestalozzi, 1746-1827）[明星大学図書館蔵]

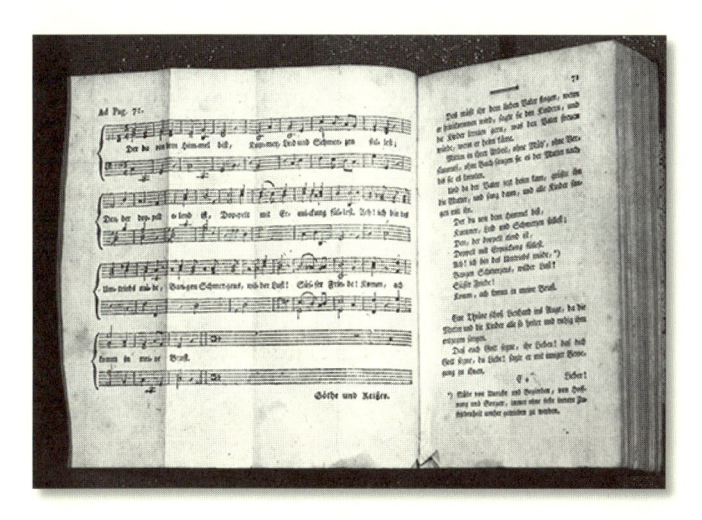

第1章　日本のリトミック導入に影響を与えたジャック゠ダルクローズの教育思想　　25

[写真8]
ペスタロッチ『リーンハルトとケルトルート』(Lienhart und Gertrud, 1781-1787)
本書の第1巻第12章「家庭のよろこび」には，酒におぼれる夫に立ち直ってほしい妻ゲルトレートが，夫の荒れた心をなぐさめるため，子ども達に教えた歌が記されている。夫リーンハルトは子ども達にこの歌に感動して改心した。歌詞は1776年ゲーテ「旅人の夜の歌」。[明星大学図書館蔵]

　ジャック゠ダルクローズ研究家のアルフレッド・ベルヒトルドは，「ジャックはフランクフルトで輝かしい歓迎を受ける。彼の実技の会は大成功を収める。ヘレニズムを再発見しようと望んでいたヘルダーリンやニーチェに，彼は一つの回答を与えた，と新聞が書く。また，彼をペスタロッチに結びつけてもいる。そのペスタロッチは，1814年に出版した小さな仮綴本の中で，体育が知性と審美感と道徳心とを磨き挙げる手段になるような体操を推賞していたのである」[46]と記している。

　ドイツの思想家のヘルダーリン（1770-1843）はニーチェやハイデガーらの思想に強い影響を与えた人物である。新聞では，ジャック゠ダルクローズの教育内容にはドイツの思想家らが追及してきた人間中心的な合理的精神を基盤とするヘレニズムの理念を見出すことが出来る，と評価され，さらにペスタロッチとジャック゠ダルクローズの両者が，教育法における身体運動

を活用する必要性を説いているところに関連性が見出されているのである。

　ペスタロッチは「体育論」において，「身体陶冶の重要性は，人間陶冶の重要さよりもほとんど一般により大きい」[47]と述べ，続けて「この陶冶がないときには人間の身体の態度や挙動には何の品位も考えられない。そして明らかな品位のある身体をもたないで，誰が生きたいと願うだろうか（中略）舞踏や撃剣によって柔軟自在な日常生活にまで高められていない人間を，よき仲間のなかには数え入れないし，またかろうじてその仲間に入れる場合もごくまれでしかない」[48]とも記している。人間の心の発展を望むためには，健康や規則正しい生活による快適な身体が必要であり，先ず身体陶冶が与えられることによって，人間が要求している品位が備わるであろうと示唆している。

　一方のジャック＝ダルクローズも「健全な教育法では，すなわち，身体の精神への，精神の身体への，感覚の思考への，あるいはその逆の，密接な相互への働きかけというものに基礎を置いている全ての教育法」[49]にあっては，身体と精神，そして感覚への陶冶がなされるべきであると述べており，この考えはペスタロッチのものと極めて近いものと思われる。また，ペスタロッチは身体陶冶の意義を次のように述べている。

　　身体的技能の発達のための技術陶冶は，このような高き相互関連において，人間本性の一切の諸力を普遍的に生かすことを教えるものでなくてはならない。かかる技術陶冶は人間を身体的に発達させることだけで満足すべきではない。それは彼の身体的発達を，自然がなすのとまったく同じように，知的ならびに道徳的発達に完全に調和させなくてはならない。それによってこのような訓練の明確な出発点と固有な順序とが明らかになる。われわれは今や，自然が示すこのような訓練の道行きをいっそうくわしく注目しよう。[50]

ペスタロッチは身体的・技術的発達によってもたらされた結果を，単なる身体的「訓練」として終わらせず，人間の知的な活動へと結びつけることが重要であるとしている。この部分と同様の見解を，ジャック=ダルクローズの「大事なことは，教育が知的な発達と身体的な発達を平行して前進させることであって，リトミックは，この二重の意味で有益な影響をおよぼす」[51]という記述に見だすことができる。ペスタロッチにはルソーに見られるような音楽家然とした言及は多くは見られない。しかしながら，彼の教育理念にはジャック=ダルクローズのそれと重なる部分が散見される。これらがジャック=ダルクローズの理解者であるポール・ブップルや，ジャック=ダルクローズ研究家，さらには新聞による言及に至るまで「音楽のペスタロッチ」と言われる所以である。

③　フレーベルの音楽教育観とジャック=ダルクローズの音楽教育観

ジャック=ダルクローズは，音楽教育は教育学の研究に裏付けされた方法で行われなければならないと考えていた。このことは当時のスイスの音楽教育の現状を「リズム教育は，どんな教育方法においても，音楽教育の他の部門なみの教育学的配慮のもとで扱われていない」[52]と評価している文にも表れている。ジャック=ダルクローズがここで述べた教育学的配慮とは，前項で触れたルソーやペスタロッチらの教育思想家の理念を基礎に置くことであると考えることができよう。

フレーベルはペスタロッチに啓発されたドイツの教育哲学者であり，幼児教育の祖とも言われた人物である。ジャック=ダルクローズの論文中にはフレーベルの名も挙げられている。ジャック=ダルクローズがペスタロッチからの影響を受けていることからすると，フレーベルの教育理念についてもいくつかの見解を示していることは当然のことと言えよう。

板野（2008）は，ジャック=ダルクローズはフレーベルの述べる理念といくつかの近似の考えを示している，と指摘している。その内容を以下に要

約して記す。

- 幼児教育における身体運動を用いた活動の重要性を指摘している。
- フレーベルは遊戯の方法を，ジャック＝ダルクローズはリズム運動の学習項目を具体的に示している。
- 教材に歌を使用し，子どもの歌や古典的な音楽も併せて用いている。
- フレーベルは幼児を教育の対象としており，ジャック＝ダルクローズは当初学生達に対する問題意識を持っており，後には子どもたちも対象とするようになった。

ここから察するに，ジャック＝ダルクローズが教育哲学家フレーベルの方法とその教育的効果を認知していたことも，彼自身の教育観の広がりに関係していたのではないかと考えられよう。また，ジャック＝ダルクローズは「学校音楽教育改革論」の中で以下のように記している。

> 我が国の音楽教育が達成されて当然の成果を上げていないのは，学校当局が，型にはまった教え方と視学官たちに学習の統制を任せっきりにしているからである。視学官の指名は，同じく，従来どおりの方法によるし，従来の道から外れてみようと考える視学官たち個々の発案に対しても，注目も激励もしないのだから，当然，音楽教育の分野では，遥か昔からの期間，いかなる原理原則の革新も提起されていないという結果になる。[53]

この 1905 年当時，リトミックはジュネーヴの全ての小学校では 2 年間教えられ，ローザンヌにおいては幼稚園や小学校の教員養成の師範学校の学生は在学中にリトミックの単位をとることになっていた。ジャック＝ダルクローズはジュネーヴやローザンヌの都市における学校教育の現状をつぶさ

に把握していたと思われる。ジャック＝ダルクローズは上記の文に続けて「低学年児童の音楽教育に関するペスタロッチ（Pestalozzi）やフレーベル（Froebel）の理論は，私立学校でのみ実行に移されている」[54]と述べ，「公立教育行政当局が（中略）この問題にまったく興味を抱いておらず，またその重要性にも気づいていない」[55]と記している。ここにも，ジャック＝ダルクローズが自国スイスの音楽教育の改革には教育学に裏付けされた方法が必須であるという考えを見ることができる。スイスの公立，私立の音楽教育の現状を自著に記していることからすると，ここに名の挙げられたフレーベルについても，ジャック＝ダルクローズはその原理を理解しておいたといえる。

フレーベルの著作には，リズムに関して言及している部分がいくつか見られる。[写真9][写真10] また，『人間の教育』の「第二編　幼児期の人間」には「母親は，規則的な拍子のとれたリズムのある運動によって，腕と手を使ってのいわゆる子どものダンスによって，すなわちリズムのある表紙のとれた音声に合わせたリズミカルな拍子のとれた運動によって内なる声明を子どもに意識させようとする」と記されている。子ども自身がリズムを感じ取る初期の段階で，大人が積極的にリズムを意識させ，強化することで子どもたちの生命を「覚醒，発展」させるとしている。フレーベルはリズムの運動に着目しており，音楽と身体運動を組み合わせた教育が子どもたちの感受性や生活行為の向上を目指すことができるという考えが述べられている。ジャック＝ダルクローズのリトミックと近似の理念が示されていると言える。このことは『リトミック辞典』のフレーベルの項にも「幼児を対象にしたリトミック授業を知っている者は，リトミックとフレーベルのアイディアとの近接を即座に発見するだろう」[56]と記されていることからも，明らかである。

[写真9] フレーベル『母の歌と子守唄』(1844)
[明星大学図書館蔵]

[写真10] 『母の歌と子守唄』の翻訳書
『母の遊戯及育児歌』明治40年再販（初版は明治30年）。
奥付には「發兌元」として頌榮幼稚園（神戸）が記されている。
[明星大学図書館蔵]

ここまで，ルソー，ペスタロッチ，フレーベルの教育理念を，ジャック＝ダルクローズの近似の理念と対峙させてきた。ジャック＝ダルクローズが音楽演奏家ではなく，音楽教師として，強く学校教育に目を向けていたことが，教育思想家と近似の教育理念を持つ一つの要因でもあったろう。ジャック＝ダルクローズの関心は一教科の音楽教育に留まらず，人間全体の教育へと広がりをもっていった。

　日本においては，身体運動を活用した教育法としてその方法が注目され，歌舞伎や演劇，舞踊などの表現者らによって導入された経緯がある。ジャック＝ダルクローズが創案したリトミックが目指しているものは，音楽など芸術の分野のみならず，広く子どもの生活全般に関わる能力を培うことができる，という考えに成り立っているのである。子どもの成長に関わることにより，人間陶冶を目指す教育法であった。次章からは，日本におけるリトミックの黎明期にジャック＝ダルクローズの理念がどのように受け止められ，普及したのかを明らかにしていく。

【注および引用文献】
① フランク・マルタン他著，板野平訳『エミール・ジャック＝ダルクローズ』全音楽譜出版社（1977）p.3 には「メルモッド兄弟およびオードマル」と記されている。現在，日本ではこの2社は「メルモン兄弟」「オーデマピゲ」の通称で呼ばれている。並木浩一著『腕時計一生もの』光文社（2002）参照
② エミール・ジャック＝ダルクローズ著，山本昌男訳『リズムと音楽と教育』全音楽譜出版社（2003）p.65
③ フランク・マルタン他著，板野平訳『エミール・ジャック＝ダルクローズ』全音楽譜出版社（1977）p.26
④ 同上書 p.11
⑤ フランク・マルタン他著，板野平訳『エミール・ジャック＝ダルクローズ』全音楽譜出版社（1977）p.303
⑥ ルソー著，桑原武夫訳『告白』岩波文庫（1965）上巻 pp.214
⑦ 同上書（1965）p.11
⑧ 同上書（1965）p.212
⑨ 小林善彦『誇り高き市民　ルソーになったジャン・ジャック』岩波書店（2002）p.5
⑩ ルソー著，今野一雄訳『エミール』岩波文庫（1962）上巻 p.300
⑪ 同上書（1962）p.300
⑫ 同上書（1962）p.300
⑬ 同上書（1962）p.300
⑭ エミール・ジャック＝ダルクローズ著，前掲書（2003）p.127
⑮ フランク・マルタン他著，（1977）前掲書 p.3 には，ジャック家は「立派な知識階級に属し，信教の牧師の一員として数えられる」と記されている。
⑯ 同上書（1977）p.26
⑰ エミール・ジャック＝ダルクローズ著，前掲書（2003）p.9
⑱ 同上書 p.27
⑲ エミール・ジャック＝ダルクローズ著，板野平訳『リトミック・芸術と教育』全音楽譜出版社（1986）p.217
⑳ いずれも同上の文言に続く。エミール・ジャック＝ダルクローズ著，板野平訳『リトミック・芸術と教育』全音楽譜出版社（1986）p.217
㉑ Jaques-Dalcroze, Émile, Payot & Cie Editeurs（1905）
㉒ 同上書 p.3 より訳出
㉓ エミール・ジャック＝ダルクローズ著，前掲書（2003）p.114
㉔ 同上書 p.115
㉕ 同上書 pp.127-128
㉖ 1914年7月にジュネーヴの連邦加盟150周年を記念してグランド劇場で上演された。ジャック＝ダルクローズのリトミックの評価を不動のものにした作品である。ル・コント夫人はこの『六月祭』がジュネーヴの歴史における事件であったとも綴っている。
㉗ 1923年6月7日にジュネーヴのパレ・エレクトラル（選挙院）の夜会で上演された，リート，歌，マイム，踊り，ソロ，四重唱，子供の合唱，混声合唱，男声合唱，リトミックミシャンの集団，オーケストラによる組曲。演奏家の数が600人にもおよぶ大きな作品である。
㉘ フランク・マルタン他著，前掲書（1977）p.113
㉙ 同上書 p.73
㉚ ルソー著，前掲書（1962）p.303
㉛ 板野和彦「ジャック＝ダルクローズの教育観の変遷に関する研究」明星大学大学院学位請求論文（2008）

㉜ルソー著,前掲書（1962）p.298
㉝同上書 p.301
㉞同上書 p.301
㉟同上書 p.302
㊱エミール・ジャック＝ダルクローズ著,前掲書（1986）p.122
㊲フランク・マルタン他著,前掲書（1977）「リトミックと治療」の項を参照
㊳エミール・ジャック＝ダルクローズ著,前掲書（1986）p.123
㊴エミール・ジャック＝ダルクローズ著,前掲書（1986）pp.126-127
㊵ルソー著,前掲書（1962）p.329
㊶同上書 p.331
㊷同上書 p.331
㊸フランク・マルタン他著,前掲書（1977）p.125
㊹同上書 p.66
㊺同上書 p.77
㊻同上書 p.133
㊼ペスタロッチ著,吉本均訳「体育論」『ペスタロッチ―全集』第11巻所収,平凡社（1960）p.314
㊽同上書 p.314
㊾エミール・ジャック＝ダルクローズ著,前掲書（2003）pp.114-115
㊿ペスタロッチ著,前掲書（1960）p.332
㉛エミール・ジャック＝ダルクローズ著,前掲書（2003）p.128
㉜同上書 p.102
㉝同上書 pp.14-15
㉞同上書 p.15
㉟同上書 p.15
㊱R. リング他編著,河口道郎他訳『リトミック辞典』開成出版（2006）p.96

第2章
白井規矩郎による体操教育とリトミック

1 白井規矩郎によるリズムに合わせて行う身体運動

① 白井規矩郎研究の課題と設定

　日本へのリトミックの初期の紹介は，リトミックの身体運動の方法に着目した演劇人，歌舞伎役者，舞踊者らによるものであった。演劇改革運動を始めた市川左団次（1880-1940）と小山内薫（1881-1928），作曲家の山田耕筰（1886-1965），舞踊家として活躍した伊藤道郎（1893-1961），石井漠（1886-1962），岩村和雄（1902-1932）らがそれぞれの分野においてリトミックを活用，紹介したのは明治40年代に入ってからの事である。彼らは日本への初期のリトミック紹介者として位置付けられている。
　1923（大正12）年に渡欧先で新渡戸稲造（1862-1933）からリトミックを紹介された小林宗作（1893-1963）は，パリのダルクローズ学校（Ecole Rythmique de Paris, rue Vaugirard）に学び，その後再度パリへ渡り，リトミックやボーデ体操等を見聞し帰国した。また，1931（昭和6）年には天野蝶（1891-1979）がパリへ渡り，同校で1年間リトミックを学んでいる。
　さらに板野平（1928-2009）はアメリカのニューヨーク・ダルクローズ音楽学校（New York Dalcroze School of Music）で1952（昭和27）年から5年間学んだ。彼らは帰国後日本の音楽教育におけるリトミックの導入という役割を果たした人物として知られ，評価されている。小林，天野の活動は

第2次世界大戦を挟んで一時期停滞がみられたが，戦後に帰国した板野の活動も併せて，1960年代には三者それぞれが活発な実践と教育活動を行い，今日の我が国におけるリトミックの発展へと繋がっていった。

　先述の3者以前にリトミックを学校教育に紹介した人物として，日本女子大学の初代体育教師，白井規矩郎（シライ キクオ：1870-1951）の名が挙げられる。白井は日本の女子教育の中心的役割を担う大学の体育教師として注目された人物であるが，文部省音楽取調掛（現東京藝術大学）の出身であることが馬場（2014）[1]によって報告されている。白井は著書『韻律體操と表情遊戯』において，「デルサート氏」（Delsart 1811-1871）を"表情體操の創剏者"として紹介，また「エミール，ジャツク(ママ)，ダルクローゼ氏(ママ)」（E.J＝Dalcrose 1865－1950）を"韻律體操の創剏者"として紹介している。白井はこの著作においてリトミックを韻律體操と表していた。

　体育教師としての白井の取り組みを検討するという視点からの先行研究はいくつかなされている。しかし，白井のリズムに合わせて行う身体運動教育（以下リズム教育と記す）の取り組みと，なぜリトミックに着目し，どのように紹介・実践しようと考えたのかを詳細に検討している先行研究は多くない。本論では，音楽教育を専門とし，後に体育教師として日本の女子教育の発展に寄与した白井の取り組みを研究対象とし，白井の提唱したリズム教育について取り上げる。研究の目的は，白井が我が国の学校教育にどのようにリズムに合わせた身体運動（以下，リズム教育と記す）をどの様に捉えていたのかを考察していくことにより，日本の教育界で白井が果たした役割を浮き彫りにすることである。白井のリズム教育の変遷とその背景を明らかにすることは，同時に，日本の学校教育におけるリトミックの導入史の一端を明らかにすることでもある。

　研究方法は白井の著作を中心としたいくつかの記述を基に，白井がリトミックに着目し，『韻律體操と表情遊戯』を訳出するに至るまでの背景を調査していく。また，白井がリトミックの教育内容をどの様に受け止め，実践

していったのかを考察する。なお,本稿では白井の著書名に関する場合は「韻律體操」と記し,それ以外は「リトミック」と表記していく。

② 先 行 研 究

　白井に関する先行研究は,遊戯,体育,音楽教育などの視点から検討されたものとなっている。なぜなら,先述したように白井の専門とする教育分野は音楽であり,その後体育に移行したということが理由としてあげられよう。興水・松本（1972）は白井の遊戯についてその特性を考察した。また,馬場（2014）によって白井の体操論が詳細に論じられている。今井・笹森（1992）は音楽教育の視点から明治期の唱歌遊戯を舞踊と音楽の関係性について論じている。唱歌遊戯の特徴を考察する中で白井の名を挙げてはいるが,韻律體操についての詳細な考察には及んでいない。また,福嶋（2003）,江間（2003）らは白井が"韻律體操"と表しリトミックを著述上で紹介していることに触れている。

　これまで,日本の音楽教育界や幼児教育界における昨今のリトミック研究の動向は神原（2014）によって報告されているが,概観したところ,日本へのリトミックの導入史上では白井の名は確認されるものの,白井の教育内容やその背景についての言及は多くはなされてこなかった。堀江（2011）は白井の遊戯を中心に教育観を纏めている。他には白井のリズム教育観を検討している研究は少ない。本稿では白井がリズムに合わせた身体教育をどのように捉えていたのか,また,ジャック＝ダルクローズの述べたリトミックの理念をどのように学校教育へ適応しようと考えていたのかを明らかにする。

③　白井規矩郎の著作について

　白井は文部省音楽取調掛の出身である。18歳で卒業後，音楽教師として15年間各地の師範学校に勤務した。白井の詳伝は馬場・石川（1986）によって纏められている。白井が音楽教師時代に成瀬仁蔵によって見いだされ，日本女子大学校（現在の日本女子大学）の初代体育教師となったことなどは既に報告されている。馬場（2014）は白井の著書が「日本女子大学の図書館には白井の数多くの著書のうち，23の『韻律体操と表情遊戯』しか残っていない」[2]と報告し，日本女子大学の図書館に所蔵されていた23冊を「唱歌遊戯」「遊戯」「体操（表情遊戯）」の3つの群に分けている。筆者の調査では白井の著作はさらに19編（表中に＊を記した）確認されたため，改めてそれらを加えた文献一覧として纏め，最後尾に示した（表1）。

　この表に見るように，1888年から1893年までは，音楽を専門とした著作が中心に出されているが，1893年以降は「遊戯」，「女子」，「訓練」，「体操」などのキーワードを見出すことができる。著名からは遊戯と体操，音楽と体操等，2種の分野を組み合わせている特徴が見られる。白井の取り組みは，年代を追うに従って，音楽から遊戯，体操へと移行し，韻律体操（＝リトミック）を紹介することによって，再度音楽教育分野へ回帰していることが判る。

　また，「新編」，「新式」，「新選」，「実験」というキーワードからは，白井がより良い教育内容を求めて，新たな方法を積極的に海外から導入し，編集し，選定をしていること，それらを教育現場での実験を経て纏めていたことが読みとれる。次に，白井の音楽教師としての取り組み，体育教師としての取り組みに注目し，その教育内容の変遷を追っていく。

④　教科書・指南書の作成と遊戯

　白井は各地の師範学校の音楽教師としての職にあったが，当時の授業の様子などを窺い知ることのできる資料は見当たらない。しかし，上記に示した通り，教科書，唱歌，遊戯に関する著作は少なくない。本節ではこれらの著作の内容から白井の取り組みを明らかにしていく。

1　音楽教科書の作成

　表中 No.2「通俗音楽談。」の記事は『貴女の友』に所収のものである。この雑誌の読者層は爵位のある家庭の婦女子を中心に，"貴婦人"たる者であった。『貴女の友』は彼女らが身に着けるべき教養の一部，例えば当時の日本において良しとされていた女性のあるべき姿，教育，家庭，さらに家事，育児などの嗜みに関する提言が明治中期の教育者たちによって掲載されていた。白井の記事に並んで，木村繁三郎（待賢小学校の校長），大森惟中（明治期内務省の工芸史家）ら，当時の教育，学芸関係の中心的位置にある人物の名を確認することができる。以下は白井による記事の一部の抜粋である。

> 問。　唱歌の時にハ，聲ハ始めより終りまで歌ひ通して，途切れると申すことハ御坐りませんか。
> 答。　聲が途切れると申すことハ御坐りませんが，音聲を休ませることが御坐ります，（中略）畧譜に於きましてハ○を用ひて之れを示します。③

　この部分では「休符」に着目させ，紙面で音楽学習の補助として説明がなされている。歌う際のブレス，身体的動きについての記述はない。このような問答形式の指南書は，文部省（1883）や北条静（1904）のものなど，明治期に多く見られる。白井はその形式を踏襲する形で休符の種類，音の高低

と階名，音の時価の長短，音の強弱等を表に示し，さらに簡易な歌を数字唱で読譜をする方法を説き，「大概一週間も掛れバ御覺ゑに（旧かな）成ります」と記している。音楽取調掛が設置されたのが 1879（明治 12）年，伊沢修二（1851 - 1917）とルーサー・ホワイティング・メイソン（Luther Whiting Mason, 1818 − 1896）を中心に，西洋音楽を日本へ移入しようとの試みから 10 年余り経った当時の日本の教育界において，西洋音楽を学び，理解していることは教養高い人物であることの証でもあった。この記事が掲載された 1889 年は，白井は 19 歳であった。

　同じく 1889 年には白井による『音楽教科書』が発行されている。内容は楽典（階名，音符，小節，拍子，旋律，調），さらに和声論，楽器論等が纏められている。明治の初期から 20 年程は，欧米の翻訳書を教科書として採用することも多かった[4]。『音楽教科書』より 1 年前に発行された 1888 年の教科書はコルウェン著の『唱歌教授法』を訳出したものである。白井は 1893（明治 26）年に『中等教育音樂教科書』を著し，続く 1894（明治 27）年には「米国ばろう氏」[5]原著の『普通音樂教科書』を翻訳している。これらのことから，白井が我が国の音楽教育を担う人物として教科書を執筆し，さらに音楽教科書の参考として海外の教本を積極的に活用したことが判る。白井は 20 代半ばにして日本の音楽教育を牽引する教育者であった。

2　白井規矩郎による遊戯

　著書の発行年で見る限り，白井は 1893（明治 26）年頃から遊戯の研究に取り組んでいる。白井は「遊戯法（あそびかた）」とルビを振った子どもの遊びの種類を 9 つ挙げ，白井作曲と思われる 12 〜 32 小節程度の唱歌[6]を付けた教材集『保育遊戯唱歌集』を著している。「此遊戯（このあそび）ハ古（ふる）くより行（おこな）ハるゝものにして」と白井による説明が付けられている。遊びの動作と歌詞に後から白井が音楽を付したものであれば，この曲集は白井のリズムに合わせて行う身体運動教育の取り組みの初期の著作である。

次の著作『新編小學遊戲全書』では，「兒童を誘發敵に教育すべしとはフレーベル氏教育主義の原則にして……」[7]，「積み木とは（中略）フレーベル氏は其積み方を實物形美術形の二種に分けてり」[8]，「此戲に用する材料は（中略）フレーベル氏のもっとも賞用し兒童にかくべからざるものとなしたり」[9]，「幼稚園の初祖フレーベル氏の如きも毬を以て遊具中の第一となせり……」[10]とフレーベルの理念と方法に言及している部分が見られる。白井はフレーベルの教育理念に基づいた遊戯の動きと音楽を融合しようと考えたと思われる。遊戯の種類を「運動的遊戯」，「弄球的遊戯」，「靜坐的遊戯」，「理化的遊戯（ママ）」，「雑種遊戯」に分別してその詳細を説いている。『大辞林』によると，遊戯とは「①遊びたわむれること。遊び。②幼稚園・小学校などで，運動や社会性の習得を目的として行う集団的な遊びや踊り。」とある。近年，幼児教育の現場における「お遊戲」は音楽が伴うものを指す場合が多い。『保育遊戯唱歌集』では，遊戯に合わせて言葉を唱える，または小さな唱歌が付けられるという，遊戯の動きに音楽が後付けされている。一方の『新編小學遊戲全書』内で紹介されている遊戯は，言葉のリズムや歌が伴うものはさほど多くはないが，先の『保育遊戯唱歌集』の方法と異なる部分を『新編小學遊戲全書』第一部の運動遊戯の冒頭に見出すことができる。

> 此種に關する遊戯は保母又たは教師洋琴，風琴，ヴハイオリン（ママ）（止むを得ざれば手風琴）等の樂器にて進行曲を奏し兒童是れに歩調を合せて種々の形状に進行し遊戯するものとす其室内にて於てすると野外に行ふとは適宜にして又た（ママ）其遊戯若くは樂趣等に適する軍歌唱歌を歌はしむるも可なりとす
> 　(一)普通進行……教師は其方向に注意し進行上の姿勢歩調の緩急等整正することを怠るべからず是れをして其宜きを得ば諸種の遊戯は其歩調に從ひ自ら愉快を感ずるに到るべし（ママ）[11]

この方法は教師が演奏した曲に合わせて児童が行進する，つまり音楽の拍に合わせて身体を動かし表現するものである。教師は積極的に子どもがステップに緩急をつけ，姿勢を変えて表現できるように演奏することによって，子どもは自然に音楽に合わせて動くことが愉快に思え，自然に笑みがこぼれているという，リトミックを想像させるような内容である。正にこれが白井の目指していたリズム教育の姿であったろう。白井は先述のフレーベルの「児童を誘発的に教育する」という教育理念を受容したことが，音楽の拍を聴く活動から身体の動きへと繋げる試みをするに至ったとも考えられる。また，以下の記述にも注目したい。

　　遊戯の目的たる等しく自他を慰樂せしむるものにして或は體育に關するあり或いは智育に關するあり（中略）之れに依り體軀の不健なるものも強健となり鬱性なるものも快活なる氣風に變する等の効益あるべし[12]

　白井は遊戯の目的は日常生活を明るく楽しく過ごすこと，さらに健康や学力の向上を目指すこと，と説いている。特に『新選小學遊戯全書』の後半は娯楽的要素の強い種類の遊戯ではなく，技術の「熟練を心掛け」[13]を必要とする綱上り，竿飛び，遊泳技等の身体の「強健」を意識させる遊戯が紹介されている。ここから3年後に著された『実験詳説遊戯唱歌大成』では，以下の記述に音楽と遊戯と動きについての白井の理念を見ることができる。

　　音楽は特性を涵養するに欠くべからざるものにして遊戯も亦た前述せる効用あるが故に是非を連絡して施行せば益〻其効用を大ならしむるものに非ずや況や普通教育の各教科は相互に連絡して（中略）遊戯と唱歌とは其主旨殆（ママ）と同一なるを以て他の學科よりも一層密接せる関係を有せり（中略）一曲の俗歌を謡ひつゝ其苦を忘れて働けるは既に吾人の熟知する處にして之れ即ち遊戯と音楽との関係密接なるを説くに適切なる例

> 證なり／故に各種の遊戯は可成其方式に適する唱歌を與へ或は教師保姆は進行曲を奏し之れに依て進退せしむるを可とす[14]

　白井は音楽が子どもの人格を育てるものとして動きに密接な連携を持たせることの重要性を述べた。遊戯に音楽を付けることで動きがスムーズになると述べている。ここでも教師が演奏したマーチに合わせて子どもが行進する方法を紹介している。文中，遊戯を「各教科」として扱っていることから，教科「体育」の中で行っていたとみられる。『実験詳説『遊戯唱歌大成』の前半は遊戯に音楽が付けられて紹介されており，後半の「第二部競争遊戯」では綱引き，100メートル走，障害物競走等，体育祭種目と思われる遊戯の説明がされている。また「第三部　用毬遊戯」では「脚毬戯 Foot Ball」，「曡毬戯　Base Ball」などのスポーツ球技のルールが図解入りで示されている。これら競技の部分には音楽やリズムに合わせて身体運動を行う方法は記されていない。
　白井は音楽教育をベースとした遊戯の研究の中で，「個人的運動遊戯」の種類として逆上がりや板上り等，数種の運動の指南を重ねていくうちに，身体を動かすことの効果やその意味を考察し始め，1900年には既に体育にも関心の目を向けていたと見ることができる。

2　体操教育との関連

　日本女子大学校へ白井を体育教師として学校創立当初の1901年より招き入れたのは同校の創始者，成瀬仁蔵（1858-1919）である。成瀬からの声掛けは白井が音楽を専門としながらも体操教育，女子教育に携わるきっかけとなった。その経緯は馬場（2014）に詳しい。本節では，成瀬と白井の女子教育における身体教育と音楽観を検討していく。

①　成瀬仁蔵の身体教育と音楽観

成瀬は女子教育の先駆者として名高い人物である。彼は女子高等教育における体育についての所見を次のように記している。

> 従来體育は重視せられざりしに非ず。然れども多くは唯漫然として一般的に，健康の増進，筋肉の發育及び鍛錬といふが如き目的の下に，形式的に體操法を課せるに過ぎざりしやの感あり。吾人の見る所に依れば體育には更に重要なる意義あるものゝ如し。[15]

また，別著において「身体的可能力……（中略）女性を無視した男子大學に模倣せる女子高等教育の弊害」[16]とあるように，成瀬は女子教育において体育が重要視されることがなかったこと，学校教育においては女性の身体的な特性や精神的な特性を鑑みずに，鍛錬的な男子教育を模倣した内容が教えられていること問題意識を持っていた。入学する女子学生は遊戯と，それまで男子と同じ内容の普通体操（矯正術，徒手体操，亜鈴体操，球竿体操，棍棒体操）を学んできていた。高等女学校令は1899（明治32）年に制定されたが，その規則の中の体操は，同じく32年に定められた中学校令の男子高等普通教育と時間も内容も変わりがなかったためである。

> 人間は男女両性をもって成立せるものなるがゆえに，この事実を無視して，人為的ないし独断的に女性を男性化し，または中性化するような教育をほどこすことは，自然の法則に背き，天賦の性能を矯め，女子を駆って不具の人格者たらしむるの恐れがある。[17]

こうした課題に取り組むために，成瀬は日本女子大学校の教員にあるべき資質を以下のように考えていた。「體育の奬勵」の項には成瀬の求める体育

教師像が述べられている。

> 吾人の信ずるが如き體育の目的を達せんが為には，（中略）改善の方法としては，㈲體操科の教師をして，唯學科としての體操教師たらしむるに止めず，體育の教師，更には言はゞ学生の健康法に關する指導教師たらしめ…（後略）[18]

成瀬は女子教育では体操にのみ重きをおくのではなく，体育，健康，生理学等，多分野に通ずる専門性を併せ持った教員が望ましいと考えていた。教師の専門性については「理想的な教師というものは，同時に，心理学者であり，生理学者であり，そして芸術家でもなければならない」[19]とジャック＝ダルクローズも述べており，教師は子どもたちを多面的に理解し教育する必要があるとの共通の捉え方を二者に見ることができる。また，成瀬は遊戯についても言及している。

> 自発力のまゝに活動する遊戯の間に心身の発達を計る事ができるもので，之を疎かにしてはならぬ。人若し学問ー広き意味に用ひてー努力を欠けば我々の天与の才能をも発揮する事が出来ず，人格も作り上ぐることが出来ぬとともに，もしこの遊戯といふ事を顧みないときには，極めて無味乾燥の生涯に陥り，これが為に働きは不活発となり，精力は早く消衰し，遂には其の成長も停止するの止むなきに至るものである。努力と遊戯とは反対の如く考へらるゝが，これ我々の活動の両方面であって，互に助け合うて，初めて完全な境遇ができるものである。[20]

文中，遊戯は努力とは反対のように捉えられていたとあるが，成瀬は遊戯や音楽の娯楽性に注目し，これらが心身の発達を計り，人格形成に繋がる教育の方法であるとして，絶賛している。その考えを次の文にも見ることがで

きる。「音楽会或いはその他の高尚なる娯楽慰安を目的とする会を開いて(中略)音楽の力により，知らず識らずの間に人を感化するということが必要である。」[21]として，「愉快に修養に努め，知識を養いえる」[22]環境が女子教育に必要であることを述べた。また，音楽に合わせて身体を動かすことについて，興味深い記述がなされている。

> 真の自由とは何であるか。(中略)あなた方が体操をするのでも，初めのうちは手や足が横に曲ったり，垂直に伸びなかったり，機敏に働かなかったりして，少しもあなた方の思うように美を現わすことができないが，自制して練習を重ねるに従い，だんだん身体が自分の意志に従って働くようになり，ついには全く無意識で少しも努力しないでもよく音楽にも合って，美を現わすことができるようになる。これは練習によって初めて得ることのできるもので，わがまま，利己などは自由の敵である。[23]

成瀬は音楽に合わせて自由に身体を動かすことができるということは，精神を自由にすることであると考えた。続けて成瀬は「フランスのルソー，ドイツのフレーベルは小児に自由を与えよと説いたが（中略）我が国はまだ教育の根本的精神なるその自由ということを認めない」[24]とし，教育哲学者の名を挙げつつ，日本の女子教育の展望を論じた。身体教育や音楽教育に関して成瀬と近似の教育観を持つ人物が白井であった。

② 白井規矩郎の身体教育と音楽観

日本女子大学校の初代体育教師として，どのような人物を迎え入れるか熟考する成瀬の目に留まったのが，白井であった。白井は音楽の専門家として遊戯にも研究分野を広げ，その経験から体育に関する理解も深まっていた。成瀬が教育を考える時に最も重要視していた教科が体育であったことは，次

の文章に表れている。

> 今の教育にして若し體育に根據を置かなければ，それは無効となるか或は病的に陥ることは，敢て説明を要せざることである。故に教育を進めて行かうとするには，先づ體育から始めなければならない。[25]

　成瀬は自分と近似の教育観をもつ白井を体育教師として日本女子大学校が開学した1901（明治34）年に迎え入れた。山田（2014）によると，音楽抜きの訓練的なスウェーデン体操への疑問を呈した[26]事が成瀬に評価され，採用に繋がったとされている。また，白井の教え子は白井が体操場で朝から夕までピアノを弾いていたことを回想して語っている。これらのことから，日本女子大学校で推進された白井の遊戯の内容は，動きに音楽が付けられていたものであったことが伺い知れる。

　白井は1910年に『新編教育的體操と遊戯』を著し，「トラスク式體操法」の部分に「乾燥無味のものを強て厭倦の情を壓へしめつゝ兒童に授くるも決して教育の本旨にあらず。」という考えを示した。白井は興味関心の薄い教材では，美しい動きは望めないと考えていたと思われる。また，「女子生理的訓練法／欧米美的遊戯／歩調と行進遊戯／内外遊戯二百番／女子運動と遊戯／の數書は吾人曩きに解説して斯道の篤志家に推薦せしものなり」[27]と白井が薦めている5冊の著書はいずれも動きに音楽が付けられている教本である。このことからも，女子体育における身体運動には音楽を活用すべきであると白井が考えていたことは明らかである。

　本章1の④でふれた『音楽教科書』の第七編の冒頭には，「教師及ビ學生ノ参考　唱歌教授ノ程度　小學校ニ於テ唱歌ヲ授クルニハ必ズ聽覺ヲ以テ成スベシ」[28]と記されている。児童が唱歌を学ぶ際には，まず「聴き取ること」が重要であるという見解は，ジャック＝ダルクローズの「すぐれた音楽教育法というものはすべて，音を出すことと同じく，音を『聴くこと』の上に

築かれねばならない」[29]という見解と一致するものである。この部分は当時19歳にして我が国における西洋音楽の移入期を支えた若き音楽教育者・白井の音楽教育の理念の一端を垣間見ることができ，興味深い。

　このような身体教育観，音楽観を持った白井の取り組みを成瀬は次のように評価している。

> 　私は過去十八年間，我が日本女子大學校に於て，能ふ限りに女子の教育を高めて見た。其の経験と成績によれば，未だ完全とはいふ能はざるも，過渡時代の今日に於ては，十分の満足を感じて居るものである。[30]

　成瀬と白井は身体運動にリズムを活用する有効性を理解していたと言える。白井は積極的に海外から有効な教育法を導入していった。白井は成瀬の理解という後ろ盾の下に，動きに音楽が活用された教育法の一つ，デルサルト式表情遊戯を日本女子大学校でも実践したのである。その後に白井が注目したのがリトミックであった。

③　白井規矩郎による韻律体操の取り組み

　白井の著書の中でこの『韻律體操と表情遊戯』は，音楽教育法を体操教育に採りいれて活用するための訳書，指南書の最終段階に位置付けられるものである。白井はデルサルトの方法を1901年に『新式表情遊戯』1を，1903年に『新式表情遊戯』2を訳出してから20年来，女子教育において表情遊戯の指導と普及にあたってきた。その意味で白井は国内に於いて表情遊戯の第一人者ともいえる。歌の歌詞を身体の動きで表現する表情遊戯と，音楽のリズムを身体の動きで表現する韻律體操とを1冊の本の中に並列して紹介していることから，白井がリトミックを重要視していたと見てよい。本節では，❶リトミックの実践と紹介，❷白井のリトミック観，について検討する。

第 2 章　白井規矩郎による体操教育とリトミック

1　リトミックの実践と紹介

　白井がどのようにしてリトミックを知ることになったのか，その経緯は明らかではない。『韻律體操と表情遊戯』内で紹介されているジャック＝ダルクローズの写真 [写真 1] は The eurhythmics of Jaques-Dalcroze のものと一致する。しかしながら，その内容については The eurhythmics of Jaques-Dalcroze の直訳によるものではない。2で後述するが，リトミックについての解説を 3 つの部門に分けて紹介しており，白井はジャック＝ダルクローズの著書または関連書を複数読んでいると思われる。白井はこの著書においてリトミックの実施方法，教材としての楽譜，そして数曲の写真を挿入している [写真 2]。著書内で紹介されている数枚の写真には，運動会，室内授業，発表会などでリトミックを披露する様子が写されている。運動の際の服装も，袴短くして宛らプリーツスカートの様であり，足元も足袋ではなく今でいうバレエシューズ様の履物である。季節によって半袖姿も見られる。日本女子大学校では運動会が年に 3 回（6 月，12 月，2 月）開かれていた。

[写真 1]
左：Emile Jaques-Dalcrose 著，The eurhythmics of Jaques-Dalcroze ―原著から 2007 年にプリントされたものであり，原著の発行年は 1912 年以降である。
右：白井規矩郎著，『韻律體操と表情遊戯』敬文館（1923）の中表紙

[写真2]
『韻律體操と表情遊戯』で紹介されているリトミックの写真

　写真からは大勢の観客の前で「平和の天使」（著中，楽譜有）のリズムに合わせて身体運動を行うリトミックの様子を見ることができる。50名ほどの学生が一斉に白井のピアノに合わせてリトミックを行う様子は優雅でありながら壮観であったろうと思われる。日本女子大学の運動会は当時の女子教育における体育教育の内容や方法の最先端を見ることが出来るものとして，全国から注目をされており，記念の「運動会絵葉書」[写真3]として販売されるほどであった。筆者が入手した絵葉書の中にもマズルカのリズムに合わせて動くリトミックの場面や，附属幼稚園の幼児らが「律遊（リズム遊戯）」をする姿の写真がある。白井は女子教育の現場に於いて実験を重ね，その成果を多くの場で発表することにより，学生，その家族，教育関係者らに広くリトミックを紹介したのである。

[写真3]
日本女子大学校　昭和五年十一月九日第22回運動會絵葉書
（右上：マズルカ／右下：律遊）

2　白井規矩郎のリトミック観

　『韻律體操と表情遊戯』ではリトミックの教材の楽譜と動きが紹介されているが，その前の部分において，白井によるリトミックの解説が記されている。白井によるリトミックの解説は，概観すると「ジャック＝ダルクローズの紹介と世界におけるリトミックの動向」「リトミックの教育内容」「リトミックの教育理念」の３つに分けられる。白井がこれらをどの様に捉えていたのか，浮き彫りにしていく。

①　ジャック＝ダルクローズの紹介と世界におけるリトミックの動向
　本文の第二部から韻律體操の解説が始まっているが，著作の冒頭に先述のジャック＝ダルクローズの写真が紹介されている。白井はジャック＝ダルクローズを「韻律體操の創始者」と紹介している。1865年7月6日維納（ウィーン）で誕生し，父はスイス，母はドイツ系の人であると記し，白井がジャック＝ダルクローズの出身についての把握も出来ていることが判る。8歳で

ジュネーヴに移り，引き続きウィーンでブルックナー等に音楽教育を受けたこと，ジュネーヴに帰して教師，記者，作曲家を経て1892年ジュネーヴ音楽大学の和声学教授になったこと，ヘレラウのリトミック学校が現在益々発展していることなどが報告されている。

２　リトミックの教育内容

　白井がリトミックの教育内容の解説をするために最初に記したのは，まず簡単なリズムに合わせて動きを加減しながら練習をすること，というアドバイスである。「始めから繊麗流暢に行ふといふ事は中々困難であります，併し之れに做つて他の簡易な韻律を採用して適宜の動作を按排せられたなれば年齢性情に適應せる材料は如何程でも得られる事と思はれます」[31]とあるように，多くの簡単なリズムを色々と練習することを薦めている。

　また，「號令ばかりでは甚だ無趣味なものになりますので，之れ亦た音樂の伴奏によって行ふやうになつて居ります」[32]の下線部分（筆者による）は，当時の主流であったスウェーデン式体操との区別化を図るために記し，リトミックはあくまで音楽に合わせて行う教育法であると説いた。続いてリトミックの学習を進めるには「㈠韻律體操　㈡聽覺の訓練　㈢ピアノの練習の三階級を經るの必要があります。」の部分は，ジャック＝ダルクローズが1914年に発表した論文「リトミック，ソルフェージュ，即興演奏」[33]にも示されている。

　さらに「此種の運動は前掲表情遊戯と異なつて歌といふものがありません，全く旋律の行進斗りを標準として運動するので（中略）慣れて参りますときわめて多趣味のものでして，少しの疲勞も感ずることなしに愉快に行ひ得られます」[34]の部分では，歌詞の意味を身体の動きで表現する表情遊戯と区別している。音楽に合わせて身体表現することは，疲労を感じず楽しいものである，との記載からは白井自身が実際にリトミックを経験した言葉であるように解釈できる。続く「此の運動の演者は（中略）音の高低長短強弱な

どを聴き分ける事が必要であります」[35]の部分はジャック＝ダルクローズのサブジェクトに該当し，「單に古代希臘の陶器などに描かれてある美しい恰好ばかりを眞似ても無益である。總ての動作に意味がある」[36]と「此の韻律體操は種々の旋律を動作で示して行くといふ考でないと其眞髄は得られません」[37]の内容は，プラスティック・アニメの解説とも受け取れるのである。

③ ジャック＝ダルクローズの教育理念

　リトミックは頭脳，心，神経，筋肉等心身各部の調和を目指すものであると白井は述べている。リトミックによる心身の調和が人に健康と幸福を与えるのみではなく，道徳的，知的，生理的にも人間に美を与えるものであり，この思想は古代ギリシアの哲学者も唱えた，としている。また詩人ゲーテの名も挙げている。ジャック＝ダルクローズの教育理念は教育学，哲学，生理学的見地からも唱えられており，白井もまた近代の科学的論拠からリトミックの理念を理解しようとしたことが判る。

④　体操教育への導入者としての役割

　『韻律體操と表情遊戯』が発行された1923（大正12）年は，奇しくも小林宗作が渡欧先でリトミックを知った年であった。その数年前から白井は国内で既にダルクローズの論文を読み，学生に実施していたのである。我が国の女子教育の研究者の探求心が世界に向けられていたことの証である。以下は明治38年に出版された雑誌へ白井が寄せた原稿の一部である。

　　外国の女学校の有様を見ますと，随分種々な遊戯もやつて居る幼ですし，又その方法の出版されたる書物も澤山あります（…中略）
　　此の曲線の運動には（曲線ばかりではない多少直線の運動も混合しては居ります）音楽が必要であつて（重にピアノ）その音楽の強弱，緩急に應じて動作を致します，音楽の音の強い所は強く，又緩くりした所は

> 緩くり運動をして行く，それでやる者は，音楽に依て知らず識らず興味を持つていくと云うやうに組織されてあります（…中略）
>
> 　音楽に合はした體操でありますと，今申した通り，自分の動作が知らず識らず音楽に合つて行くものですから，やる者も何となしに興味を持つてやると云うやうになりますので，普通ならば三十分もやればくたびれると思ふのを一時間位ゐ續けても一向疲勞したやうな様子もなくやつて居ります（…中略）
>
> 　この音樂に調和した體操を教えやうと云うには，どうしても其の教師となる者は，體操の心得もなけりやならぬし，又多少音楽の思想がなければやつて行くことができませんのです。[38]

　ここでは，同じ意味の文が繰り返されている部分も見受けられるが，白井は海外で出版された遊戯などに関する書物から，動きや音楽に関する方法を積極的に取り入れていたことが判る。上記で説明されている運動とは，音楽の強弱や，テンポの緩急に合わせて身体運動をすることについての説明がなされている。正にこの運動とは，リトミックであると解釈できよう。

　これまではリトミックを音楽教育として日本に紹介した人物は小林宗作であるという捉え方がなされていたが，それは白井が体育教師であるという評価であったからともいえる。本研究では，白井に音楽の専門家としてのベースがあったからこそ，リトミックの理念に共感し，紹介するに至ったということが判った。白井は教科体育で取り扱う体操や遊戯などに，音楽の専門家としての見地からリズム教育を活用した。"身体を動かす活動に音楽を活用することで，心身の調和を目指すことができる"という白井のリズム教育観は，"自分の意志によって身体を動かし，音楽に合わせられることが出来れば，自由な精神を育成できる"とした成瀬の体育観とも一致していたのである。

　彼らの教育理念はジャック＝ダルクローズの述べた「この練習を，主にスポーツやゲームの訓練として行ったなら，無感覚な人びとを感覚的にし，創

造的にすることができるであろう。教育において，知性と身体の育成は同時に重要視して行わなければならない。このリトミック教育こそ，その両面に，良い影響を与えると私は思っている」[39]という理念とも一致するものである。

　女子教育の向上の為に，内外の複数の教育法に目を向け，学生らに実験し自らも理論の理解を深め，訳出したものを世に紹介するという白井の取り組みは，音楽教育分野にも体操教育分野にも大きな業績を残したことであったと評価できる。白井が長年に亘り音楽と体操の2つの分野からの研究を経て到達したのが，リズムに合わせて身体を動かす教育法のリトミックであった。後に，白井が実践した日本女子大学でのリトミック教育は，日本女子大学の附属豊明小学校においても授業内で取り入れられるようになる。後述5章においても触れるが，白井のリトミックは，体育教師天野蝶，その教え子の湯浅弘子へと継承されていき，現在においても日本の女子教育の一端において，リトミックの重要性を明確に示し続けている[40]。

　本研究を通して，明治期の女子教育に関わった成瀬と白井の教育観は日本へのリトミック導入に影響を与えたことを検討することができた。白井がリトミックを知った経緯については調査中ではあるが，リトミックが日本の女子教育の向上の一端を担いつつ，体操教育に活用されていたという事実も明確にすることができた。さらに，これまで音楽教育としてリトミックを日本に紹介した最初の人物は小林宗作であるとされていたが，白井の取り組みが先行していたという事が明らかになった。リトミックは音楽教育のみならず，多分野にも大きな影響を与えている教育法である。今後は幼児教育，更に舞踊の分野でのリトミック導入の経緯を探っていくことも課題として取り上げ検討していきたい。

表1　白井の主要な著作一覧（2014　板野）

No.		著作	発行年	出版社
1	＊	唱歌教授法	1888	コルウェン著，白井訳，微古堂
2	＊	通俗音楽談．（ママ）	1889	『貴女の友』50号所収，東京教育社
3	＊	音楽教科書	1889	共益商社
4	＊	普通音楽談	1890	文学社
5	＊	新編小学教授術唱歌科 [1]	1893	金港堂
6	＊	中等教育　音樂教科書	1893	大倉書店
7	＊	簡易進行曲：祝祭日用	1893	金港堂
8		保育遊戯唱歌集	1893	敬文館
9	＊	普通音楽教科書	1894	バロウ著，白井訳，成美堂
10		新編小学遊戯全書	1897	同文館
11		新編遊戯と唱歌	1897	同文館
12	＊	風琴修復及取扱法	1897	同文館
13	＊	新選進行曲：洋琴，風琴	1898	同文館
14	＊	風琴修復及取扱法　全	1899	同文館
15		実験詳説遊戯唱歌大成	1900	同文館
16		実験女子遊戯教授書	1900	松村三松堂
17		唱歌遊戯	1900	松村三松堂
18	＊	遊戯唱歌大成：実験詳説	1900	同文館
19		団体競争陸軍遊戯	1901	同文館
20		女子生理的訓練法	1901	同文館
21		新式女子表情体操　第1集 [1]	1901	育成會
22		團體競争陸軍遊戯	1901	同文館
23		通信教授新案遊戯法第1～4	1902	同文館
24		新式遊戯體操	1902	同文館
25		英国最近こどもの遊戯	1902	開発社
26	＊	新式女子表情体操　第2集	1903	育成會
27	＊	室内新遊戯	1903	『中學世界第6巻第拾號』所収，博文館
28		音楽体操（第1編）唖鈴体操	1904	十字屋
29		遊戯配当日捷軍歌	1904	同文館
30		国定読本唱歌楽譜と遊戯法高等科	1905	文学社
31	＊	女子軍歌	1904	博文館（作曲：白井）
32		新式欧米美的体操	1907	修文館
33		内外遊戯二百番	1908	博文館
34	＊	花紅葉：女学唱歌	1908	朝野書店
35		センチュリー式歩調と行進遊戯	1908	不明
36		欧米最新女子運動と遊戯	1909	弘道館
37	＊	新選五十進行曲集	1908	二松堂
38		最新教育的体操と遊戯　全	1910	嵩山房
39		体操と遊戯の時間	1910	啓成社
40		心身摂養代表的強健法	1918	止善堂
41		韻律體操と表情遊戯	1923	敬文館
42	＊	疲労回復　十分間體操	1924	実業之日本社

第 2 章　白井規矩郎による体操教育とリトミック

【参考文献】
- ユーシー著，瀧村小太郎訳『音楽問答』文部省（1883）
- 北条静『新編音楽問答』杉本二酉楼（1904）
- 輿水はる海，松本千代栄「松本明治期遊戯の一考察」日本体育学会大会号（23）（1972）
- 馬場哲雄，石川悦子「日本女子大学の体育発展に貢献した人々（4）」（1988）
- 今井民子，笹森建英「日本の音楽教育に於ける身体表現のあり方：明治期の唱歌遊戯を中心として；舞踊と音楽の関係についての考察」弘前大学教育学部紀要第 67 号（1992）
- 福嶋省吾「日本におけるリトミック教育の歴史的概観」『リトミック研究の現在』開成出版（2003）
- 江間孝子「日本におけるリトミック教育の概念に関する諸問題」『リトミック研究の現在』開成出版（2003）
- 堀江遥「『韻律體操と表情遊戯』（1924）にみる白井規矩郎の唱歌遊戯教育観」『教育学研究紀要』57（1），中国四国教育学会（2011）
- 馬場哲雄『近代女子高等教育機関における体育・スポーツの原風景』翰林書房（2014）
- 神原雅之「幼児と音楽─リトミックに関する研究動向を中心に─」『音楽教育学』第 44 巻，第 1 号，日本音楽教育学会（2014）

【注および引用文献】
① 馬場哲雄『近代女子高等教育機関における体育・スポーツの原風景』翰林書房（2014）によると，馬場は日本女子大学庶務課が 1978 年に編纂した『日本女子大学校の年次調査報告綴』によって，白井の出身校の欄に「文部省音楽取調掛所定学科」とあることを確認している。上記参考文献にある馬場・石川（1988）や輿水，松本（1972）によっても白井の出身校が音楽取調掛であると報告されている。
② 馬場哲雄　同上書（2014），pp140-141 に 23 冊分のリストが掲載されており，『韻律体操と表情遊戯』はその 23 番目に挙げられている。
③ 白井規矩郎「通俗音楽談。」（1889）
④ 滋賀大学付属図書館編纂『近代日本の教科書のあゆみ─明治期から現代まで』（2006）には，修身，理科，歴史等の教科においても西洋の原点を児童向けに編集して教科書に採用していたことが報告されている。
⑤ 白井規矩郎訳『普通音楽教科書』
⑥ 白井は著作に外国曲を挿入する場合には作曲者名を記している場合が多い。「かごめかごめ」，「毬翁」など日本の遊びに付けられていることから，この曲集は白井作曲のものと思われる。
⑦ 白井規矩郎『新編小學遊戯全書』同文館，（1897）p.1
⑧ 同上書 p.59
⑨ 同上書 p.61
⑩ 同上書 p.68
⑪ 同上書 p.13
⑫ 同上書 p.142
⑬ 同上書 p.110
⑭ 白井規矩郎『実験詳説遊戯唱歌大成』同文館，（1900）p.9
⑮ 成瀬仁蔵『新時代の教育』博文館（1914）p.307
⑯ 成瀬仁蔵『女子教育改善意見』（1918）p.83
⑰ 成瀬仁蔵「男女共学問題」『今後の女子教育　成瀬仁蔵・女子大学論選集』所収，日本女子大学，（1984）pp.54-55
⑱ 成瀬仁蔵　前掲書，（1914）p.309
⑲ E.J=ダルクローズ著，板野平訳『リズム運動』全音楽譜出版社，（1970）p.10

⑳成瀬仁蔵「教育方法」『成瀬仁蔵先生語録』所収，日本女子大学，(1990) p.60
㉑成瀬仁蔵「大学拡張実現についての相談」『今後の女子教育　成瀬仁蔵・女子大学論選集』所収，日本女子大学 (1984) p.275
㉒同上書 p.274
㉓同上書 pp.79-80
㉔同上書 p.86
㉕成瀬仁蔵『進歩と教育』實業之日本社 (1911) p.76
㉖白井は1910年に『最新教育的體操と遊戯』の第1部トラスク式體操法の冒頭において，スウェーデン式体操は無味乾燥ではあるが，身体的には非常に効果が高いと述べている。
㉗白井規矩郎『体操と遊戯の時間』啓成社，(1910) p.4
㉘白井規矩郎『音樂教科書』共益商社，(1889) p.199
㉙E.J=ダルクローズ，山本昌男訳，板野平監修『リズムと音楽と教育』全音楽譜出版社 (2003) p.32
㉚成瀬仁蔵『女子教育改善意見』厚徳社，(1918) p.84
㉛白井規矩郎『韻律體操と表情遊戯』敬文館，(1923) p.3
㉜同上書 p.188
㉝E.J=ダルクローズ　前掲書，(2003) pp.78-79
㉞白井規矩郎　前掲書 (1923) p.190
㉟同上書 p.190
㊱同上書 pp.187-188
㊲同上書 p.191
㊳白井規矩郎 (1905)「女子の体操」『婦人画報』近事画報社 pp.22-24, [完全復刻版]『婦人画報』創刊号，婦人画報社 (2015)
㊴E.J=ダルクローズ　前掲書，(1970) p.10
㊵白井から天野へ，天野から湯浅へと継承された日本女子大学附属豊明小学校での湯浅弘子の教育活動については，拙著『日本の音楽教育におけるリトミック導入の経緯』風間書房 (2015) に詳しい。

第3章
倉橋惣三による幼児教育とリトミック

　2章においては，明治期に白井規矩郎によってリトミックが体育教科の一部分として女子教育へ導入された経緯の一端を明らかにした。この第3章では，日本の幼児教育界を牽引した倉橋惣三（1882-1955）が，子どものリズム教育についてどのような理念を持っていたのかを明らかにしてゆく。明治期は我が国でも外国の教育思潮の影響を受け，種々の教育が提唱され始めた。保育内容の一部に，フレーベルの幼稚園教育思想が導入されたのも，その試みの一つである。

1　倉橋惣三のリズム教育の理念に関する一考察

①　倉橋惣三研究の課題と設定

　倉橋は我が国の「幼児教育の父」とも呼ばれた幼児教育の実践者であり，研究者でもある。倉橋がフレーベルの教育観を共有していることは，我が国において高名な幼児教育者である倉橋に関する研究のテーマの中心として，多くの先行研究で評価されている。倉橋の教育論については文献研究，人物研究，教育観等の様々な視点から研究がなされている。倉橋は自由遊びを重視した幼児教育を推進しており，倉橋の述べる幼児教育の手段は，1.おはなし，2.唱歌，3.遊技，4.圖畫，手技，5.観察[①]である。
　倉橋についての先行研究を概観すると，中でも音楽教育の部分的研究の一つとしては，米村（2004）[②]，大沼（2011）[③]，長井（2014）[④]によって，

倉橋の幼児教育における遊戯や詩歌，音楽活動の理論的背景が明らかにされている。しかし，倉橋の述べるリズムや身体の動き，さらに音楽教育法のリトミックに関して言及する部分を抽出し，その理念を微細に検討しているものは見当たらない。

　我が国の黎明期のリトミックの普及は演劇関係者，舞踊関係者，体育関係者，そして音楽教育者らによってなされてきたことはこれまでにも述べた。幼児教育研究者の倉橋も，リズム教育に関しては興味を示している部分が多くある。倉橋は「一體音楽の中に現はれる音の種類を大きく分けると，律音と調音の二つになるが，其中で子供に早く感ぜられるのは律音の方が先き(ママ)である。(中略)其他色々の音楽にならないけれどもリズムだけ具備して居るものに，子供は非常に愉快を感ずる」[5]と述べ，子どもの聴覚が身体のリズム的な動きに関連することを述べている。また，倉橋が雑誌へ寄せた原稿や，幼児教育論をテーマとした座談会の記録では「リトミック」について語り合っていることが確認できる。本章においては倉橋惣三がリズム教育についてどのような考えを持っていたのかを浮き彫りにしていく。

　本研究の目的は倉橋惣三のリズム教育観を明らかにしていくことである。日本の幼児教育研究の主軸を担った倉橋が，リトミックについて言及していたことを明白にし，彼のリズム教育観を検討することは，我が国の当時の幼児教育におけるリズム教育の捉え方の一つを再認識することでもあり，日本のリトミックの導入史の一端を明らかにする手立てとなるものといえる。資料は，月刊保育雑誌『幼児の教育』を中心に，倉橋の述べるリズム教育についての理念を検討し，ジャック＝ダルクローズのリトミックの考えと対比させていくものとする。

② 資料『幼児の教育』について

　資料とする『幼児の教育』は，当初『婦人と子供』として1901（明治34）年1月に初刊が発行された月刊保育雑誌である。本雑誌への倉橋による寄稿は1909（明治42）年から見られる。倉橋はその次の年の1910（明治43）年に東京女子高等師範学校の講師となり，同時に『婦人と子供』の編集に当たるようになった。この『婦人と子供』は，後の1918（大正7）年に，倉橋によって『幼兒の保育』と改称され，研究団体である「フレーベル會」も，同じく改称されて「日本幼稚園協會」となった。

　現在，『幼兒の保育』は復刻版として52巻に纏められている。その内容は，幼児教育の各分野の専門家による論説や，講演の聞き取りの記録，座談会，報告，など多岐に及んでいる。執筆者の中には倉橋を中心として，ペスタロッチ主義の教育家高嶺秀夫，近代日本の音楽教育の礎を築いた伊澤修二，学習院教授の石井國次，遊戯研究家の土川五郎ら，名だたる専門家らの名を見だすことができる。本雑誌からは保育・幼児教育を専門とする大学教員や，研究所員，実践者らが，どのような保育・教育内容を目指して検討を重ねていたのかを見だすことができる。この雑誌の記事を通して，当時の幼児教育に関わる者らは，理論理解に努め，確かな実践力を探求するための手立てとしたと思われるが，その記事の内容には専門家のみならず，家庭に於いて子どもを育てる重要な役割を担う「母親」を対象にしたものもある。『幼兒の保育』は教育者が情報を共有しあうのみではなく，家庭教育をも想定した内容を持ち合わせた教育雑誌として位置づけられる。

　倉橋はこの雑誌編集の中心人物であり，彼の教育観は『幼児の教育』の中に色濃く反映されていると思われる。このことから，雑誌『幼児の教育』は，倉橋の思想展開の課程をたどることができる資料として適切であると判断できる。

③　倉橋惣三の幼児教育観とジャック＝ダルクローズのリズム教育観

　ここに倉橋の幼児教育観を端的に示した文を紹介する。「幼稚園教育が不断に顧慮しなければならぬことは，／一，身體の健全なる發達／二，神經系統の養護／三，個性の保存の三つである」[6]と倉橋は述べている。ジャック＝ダルクローズが述べる身体と神経の関係について以下に記す。

> 　身体の自発的なリズムはそれに呼応する同時的な心的リズムを持っている。心的リズムが変化する時には，常にバランスを回復するために身體のリズムも修正されなければならず，その逆も言える。だがこの２つのリズムのバランスは普通神経の抵抗に拘束されている。こうして，伝達されない体のリズムは心的リズムに合わせることが出来ず，精神は混乱する。ここに全身の無秩序と各部の不調和が，精神的・肉体的能力から行動の完全な自由を奪う。[7]

　身体運動を活用した音楽教育を提唱したジャック＝ダルクローズが身体の健全な発達を重要視していることは自明のことである。ここで注目すべきは，ジャック＝ダルクローズは身体と神経の調和には双方のリズムを合致させる必要があると考えていることである。また，「子供達は何よりも彼らを愛し，よく知ることを心掛ける教師を必要としている。その指導者は──（中略）神経や脳の力との関係における肉体の構造を熟知しているべき」[8]とも述べ，教師論においても，子どもの身体と神経についての専門的知識を有するべきであるという見解を示している。

　加えて，ジャック＝ダルクローズが子どもの個性の保存についてどのように捉えているのか，という点についても次の記述から読み取ることができる。「現代の学校長は，子供の最初の教育は自分自身を知ることを教え，それらを説明できるようにする前に生活に慣れさせ，感覚・感情・情動を，まず呼

び醒ますことにあると知っている」[9]この考えが論文に著された1925年当時，リトミックはジュネーヴのいくつかの小学校において公教育の一端として取り入れられていた。ジャック＝ダルクローズが子どもにリトミック教育を行う意義を，小学校の校長をはじめとするジュネーヴの教育関係者らと話し合っていたとも考えられよう。「自分自身を知る」こととは，正に子ども自身が自らの個性を認識することである。ジャック＝ダルクローズはリズムの訓練を行うことは「結果として，彼らの個性はさらに完全な自己発展の機会，更に力強い自己主張の契機を見出すであろう」[10]とも述べ，子どもが自分の存在価値となる個性を認める感覚・感情・情動を呼び覚ますために，最初に与えられるべき教育がリトミックであると考えていた。

倉橋の幼児教育観に述べられている「一，身體の健全なる發達／二，神經系統の養護／三，個性の保存」についても，ジャック＝ダルクローズは子どもの教育に重要であるという見解を示しており，このことから倉橋とジャック＝ダルクローズの教育理念には重なる部分があるといえる。ジャック＝ダルクローズの記述によれば，これらの3つの項目はリズム教育を活用することにより，それぞれが関連性をもって伸長されることが出来ると考えていたことが判る。次に倉橋の幼児教育観の中に示されているリズム教育観を抽出し，その変遷を考察していく。

2 倉橋惣三のリズム教育観の変遷

本節では倉橋が『幼児の教育』の中で述べたリズム教育に関する部分を抜き出し，考察を加えていく。

① 幼児教育における動きの重要性

倉橋は子どもの動きと幼児教育との関連性をどの様に捉えていたのか，その考えを以下の文章から見出すことができる。

> 　身體の運動に伴ふ感覺は，此の時期の幼兒の生活に於て，絶えず十分の滿足を要求して居るのである。此の感覺は委しく言へば，關節や腱や，いろくの部分によつて感ぜらるゝが，其の最も主なるものは筋肉である。即ち筋肉に何かの活動が與へらるる時に起るもので，幼兒はたゞ受動的に此の感覺を活かそうとする盛なる要求を有して居るのである。[11]

> 　音樂によりて促し立てられた心の自發は，到底靜的狀態に止まり得べきものではない。其の音波の一高一低につれて，手は手拍子し，足は足どりし，遂には浮きたてられて舞踊するのが自然である。[12]

このように，倉橋は幼児期の生活において，身体が要求しているのは筋肉感覚であるとし，それが音楽によって促されることは幼児教育に採って重要だと述べている。

さらに，倉橋がリトミックについて述べている部分を見ると，倉橋のリトミックの見解が2面あることが浮き彫りになってくる。

②　幼児教育へのリトミックについての否定的見解

ここでは倉橋がリトミックに言及している部分を抽出し，彼がリトミックについてどのように捉えているのかを検討していくものとする。

> （昭和5年）（1930.5）「保育座談會—遊戯，唱歌について—」
> 　神原　今日は「遊戯」「唱歌」の本質からお伺ひしたいし，リトミックも話題にとつていたゞき度うございます。
> 　　　　宇佐美先生のお話では外國では最近かなり，幼稚園で一般的に扱はれてゐるようですし，先日小林宗作氏のリトミックの研究發表會を拜見しましても，これは私共として研究しなくつちやと思はれました。[13]

第3章　倉橋惣三による幼児教育とリトミック

　第2章でふれたように，我が国におけるリトミック受容は，韻律体操という訳語で，白井規玖郎によって日本女子大学において既に行われていた。学校教育でのリトミックは，日本女子大学の授業実践に始まり，その後に附属の幼稚園，小学校へと広まった。一方，倉橋の座談会の記述を追ってゆくと，幼児教育でのリトミック普及の一端が垣間見える。この座談会が行われた昭和5年当時は，小林宗作が2度目の訪欧から帰国し，リトミックについて積極的に紹介し始めた時期である。座談会のテーマは遊戯と唱歌についてであり，同時にリトミックについても取り扱う設定となっている。日本の幼児教育にフレーベルの理念を紹介し，実践を試みようとしている倉橋らの関心が，幼児教育の研究対象としてリトミックに向けられていることが判る。

　座談会の席で名が挙げられた宇佐美とは，当時，御茶ノ水女子大の付属幼稚園の教諭で，後にお茶の水女子大の教授になった宇佐美敬のことである。彼女は数か国をまわり，各国のナースリースクールを見学し，その場において実践されていたリトミックも見聞して帰国している。倉橋を中心とする幼児教育研究者らは，宇佐美からも外国における保育・幼児教育のあり様と共に，リトミックの情報も得ていたことが伺える。さらに，この座談会の記録からは，倉橋自身がリトミックをどのように捉えていたのか，彼の考えの変遷を見ることができる。以下，座談会での倉橋の言葉を抜粋する。尚，検討する都合上，これより以降に抜粋した文章には付番をした。

(1)従来の子供の音楽は歌詞が主だ。歌に譜がついているやうなものだ。リトミックでは，リズムを主體として，しかも，それが漸進的に経験せられて來るところを主旨としてゐる。従つて，時には音樂教育以上人間教育上の効果を説いたりする人さへある。

(2)我々のはリズムよりも歌詞を主にしてゐる。體へ感じるものでしょう。（中略）しかし，音が耳だけでなく，體全體，細胞から動いて來るということは凡人にもある筈だ。幼児期は尚更そうだらう。大人は観念

化されて駄目なる(ママ)が，小さい時から修練を與へればそれが發達するに相違ない。だから，リトミックは音樂教育のためには有力なものです。但し，幼稚園ではどれ丈の地位を占めるかは問題になる。リトミックの價値とリトミックの幼兒教育上の價値とは別の問題ですね。それを人間教育の根本とする論は，内容としてよりも，論の立て方として，どうかね。

(3) リトミック專門家の方では，その根本理論は良く研究されて居よう。吾々はその方の素人だから。その根本を論ずるよりは，これを幼稚園教育に對しての問題として，考えるがいゝ。ところで，一體感受性の餘んまりセンシブルな教育をすることが，幼兒教育としていゝかどうか。これは問題になりますね。幼兒教育はセンシブルの反對，蠻的といつては荒っぽ過ぎるようだが，そんな處のあるべきものではないかしら。感覺といふさへ吾々は細かいと思ふ。知覺で止めておきたい位だ。そこへゆくとリトミックの方は大分細かい音樂性の訓練として有力なだけ，その點はどうか知ら(ママ)。

(4) だが何しろ見渡した處，リトミックを知らない，論ずる資格のない者ばかりが話してゐるのだから，之れは一つ誰か十分やってみたいゝでしょう。（…今，この問題を出すのは早すぎますね，これで切り上げてください。）

(5) きりあげないでやつ(ママ)見るんだ。（私，やつて見ますわ）

(6) それは大いにいゝ。（中略）リトミックをやつたにしても幼兒教育を損ふ迄の程度なんかにゆきつこないから大丈夫でしょう。（僕は音に對してセンシブルになることは必要だと思ふ）

(7) それはそうだが，程度の問題でね，餘り纖細すぎる感受性の教育は幼兒期にはいらぬと思ふ。[14]

この部分には1930（昭和5）年の座談会での様子が記されている。

先ず、(1)の部分からは、倉橋はこれまでの音楽教育では主に歌唱教育が行われてきたことに対し、リトミックはリズムを中心とした教育であると理解していることが判る。リトミックが演奏技術の向上や音楽の基礎的知識の学習のみならず、人間教育の効果までを望めるかどうかに関しては、(1)の「効果を説いたりする人さへある」という倉橋の言葉の表現や、(2)にあるようにリトミックが人間教育の根本であるという論旨に疑問を投げかけていることから、多少懐疑的な受け止め方をしていると見られる。これまで概観したところ、倉橋がリトミックの創案者であるジャック＝ダルクローズについて言及した資料は見当たらない。小林宗作は1923（大正12）年と1930（昭和5）年の2度に亘って渡欧し、リトミックやその周辺のピアノ演奏法、舞踊法等を見聞して帰国している。座談会が行われた1930年は小林が2回目の渡欧をしており、宇佐美がパリのダルクローズ研究所を参観した報告書を出した年でもある。倉橋が耳にした人間教育の効果については、小林宗作が1925（大正14）年に著した「ダルクローヅ氏の新音樂教授法（リトミック）」や宇佐美から情報を得ていたと考えられる。

さらに(3)の倉橋の応答では、リトミックは音楽教育としては有効だ、とその価値を認めながらも、センシブルすぎるものであれば、幼児教育にはいらないと述べている。対して、座談会の他のメンバーからは「センシブルになることは必要だ」との意見も出されている。(4)以降では、当時の幼児教育に於いてリトミックへの関心の高まりを受けて話題にしたものの、時期尚早であったか、と切り上げようとするメンバーや、ぜひ実際にリトミック教育の実践を手掛けようとするメンバーらの会話が記されている。ここには倉橋をはじめとする座談会のメンバーらに専門家としての知識や経験が無ければ、この新しい教育法に関する討議が深まらないという意見が出たことに対して、自分たちの中からリトミックの研究を手掛けるという挑戦的姿勢も必要であろう、という、幼児教育に対する情熱を語り合う幼児教育研究者らの

姿が表れている。彼らは，リトミックは幼児教育にとって良い作用を及ぼすらしいということは感覚的に感じ取っていた。倉橋らはこの座談会において，リトミックが人間の感覚，感受性に対する効果を持っているかを立証するためには，この音楽教育法の理念の理解が必要であるという結論を導き出したのである。

③　幼児教育へのリトミックについての肯定的見解

倉橋はリトミックを音楽教育としてその有効性を認めていたことは前項において明らかになった。倉橋は自分を含めて，周囲の幼児教育者らがリトミックを追及する必要性を感じていたと思われる。

先の対談の10年後の1940（昭和15）年には「幼稚園でしてゐること－遊戯－」と題して，問答形式で倉橋の考えが綴られている。問いの答えに当たる部分こそが倉橋の述べようとする考えである。以下，抜粋する。

⑻男の子にだつて，優美感情も養ふことをわすれてはならなゐのですよ。同様に，女の子だつて
⑼健康は即ち情操の正しい基であることを，いつしょに考えて下さいよ
⑽情操ぬきの健康第一が體操であつたり，健康ぬきの情操第一が遊戯であつたり，そんな考へ方が，抑も間違ひなんです[15]

倉橋は，子どものセンシブルな情操や感情的な部分へ訴える教育には懐疑的発言をしていたが，時を経た後に，幼児教育を情操抜きで考えることは間違いである，との考えを示すようになってきている。センシブル（sensible）は感受性，感性，敏感さと捉えることが出来る。ジャック＝ダルクローズの論文集[16]の中にはいくつかsensibilitéという語句が出てくる。ここでのsensibilitéは感性を指している。ジャック＝ダルクローズは, sensibilité（感性, 感受性），sens（感覚），sentiments（感情），sentiments intérieur（内

第 3 章 倉橋惣三による幼児教育とリトミック

的感情）とリトミックとの関わりを述べている。リトミックは sensibilité にも着目した教育である。『リズムと音楽と教育』の第 7 章「学校, 音楽, 喜び」の一部分を紹介する。注目すべき語句[17]には筆者による数種の下線を次の様に付した。

- sensibilité（感性，感受性）
- intelligence（知性）
- corps（身体）
- volonté（意志）

　学校は，社会生活を準備する。つまり，学校を卒業した子どもたちは，ただ単に社会生活のさまざまな義務を果たせる準備ができているだけでなく，一人ひとりが自分の個性を発揮して，他人の同じような権益を侵害することもなく，実生活において自分の意志を行使することができなければならない。学校では，子どもたちの知性, 身体, 意志, 感受性の教育は同時になされなければならず，この四つの欠くことのできない事項のどれひとつとして，他のものの優遇と引き換えにおろそかにされてはならないのである。／実際，もしも知性の育成を抜きにして，もっぱら身体の発達だけに専念すれば，どうなるだろうか。意志をもたない知性は何の役にたつのだろうか。同様に，感性にとっていわば制御され，節制され，調和を与えられなければ，知性と意志が一つに結びついても何もできない。／さて，我が国の学校では，まさに感受性の教育がなおざりにされているように見える。この欠落が，性格の発達に対し，嘆かわしい結果を及ぼしていることも遺憾に思う。奇異に感じることは，この神経衰弱の時代に，拙く制御された感性を源とする際限のない欲望に指針を与えることをなおざりにしていること，一方，経済的成功の観点から，どんな手段を使うかには無頓着に，もっぱら意志の力に頼っている新興国では，乳幼児期からの感受性の発達を求めようとしないこと，さらに，極めて長期にわたる堅固な伝統が，人格的個性(パーソナリテ)の発達を阻んで

いる国々では，気質を刷新する手段を求めないこと，などである。しかしながら，もっと柔軟な精神，もっと堅固な意志，もっと潤いがあり，排他性の少ない知性，もっと洗練された本能，もっと豊かな人生，美しいものへのもっと完全な，もっと深味のある理解力，を備えた新しい世代を育成することは可能なのである。（中略）もしこの教育が本質的にスポーツ的なら，目的を踏み越し，感受性を欠いた世代をつくり出すだろう。大事なことは，教育が知的な発達と身体的な発達を平行して前進させることであって，リトミックは，この二重の意味で有益な影響をおよぼすものと私は思うのである。[18]

ジャック＝ダルクローズの述べるsensibilité（感性）とintelligence（知性）は，広い意味での「感じ取る能力」と「思考の能力」を意味し，感覚的な諸能力を意味し，一般的には感性と対比的に用いられるものと考えられる。ジャック＝ダルクローズは，教育において，知性，身体，意志，感受性が育成されることの重要性を述べ，これらの育成は「人格的個性の発達」を促すものであるとしている。感じ取ることである「感性」，考えることである「知性」，自発的に考える「意志」，意志によって動く「身体」の調和的発達を目指す教育が，ジャック＝ダルクローズのリトミックであると言える。

倉橋は幼児の感性について，リトミックの教育内容との関連を検討していった結果，(8)，(9)，(10)に見られるような見解を示すようになったと考えられる。さらに問答は続き，倉橋は以下のように回答している。

(11)音樂の第一は耳ですからね。聽音が正しく出來てそれで正しく歌へるのですからね

(12)音楽などいふことになると（中略）天才的な子がゐたら，それを正しく發見して，又特別な指導を考へなければなりません。併し，それは一般の保母さんではむづかしいことです。殊に發見がね

第3章　倉橋惣三による幼児教育とリトミック

(13)リズムの教育は是非したいし，出來るものです
(14)リズム丈けは一通りのところまで教育したいですね。それは，ただ音樂ばかりでなく，全體の教養に大きな関係をもちますからね
(15)リトミックスですか

先ず，(12)について触れたい。倉橋は音楽の才能のある子どもの発見が重要であると述べている。対して，ジャック＝ダルクローズには以下の様な記述がある。

適度な才能をもっている子どもたちには適切な初歩の音楽教育を，まれな天分を持っている子どもたちには更に完璧な芸術教育を授けるようになるなら，――それば学校生活に新たな生命，レクリエーション，喜び，健康の要素を導入するばかりでなく，（中略）教育方法には精通しているという貴重な音楽教師の卵を，将来に備えて選定しておけるのである。[19]

ジャック＝ダルクローズも倉橋も，子どもの音楽の才能に合わせた教育をする事が，子どもにとっても，学校生活という子どもの社会にとっても有効であると考えていた。また，子どもの音楽の才能を発見し教育をするには，一般の保育者ではなく，専門家が適任であるという考えは，両者に共通のものである。

(11)，(13)，(14)に見られるように，倉橋は幼児教育におけるソルフェージュの重要性とリズムについても言及している。ジャック＝ダルクローズが「聴く力」を重要視していることは，リトミック研究において明確な事項である。(11)，(13)，(14)の発言は，倉橋のリトミック理解が深まっていることを示すものである。リトミックは「聴く力」を伸長させ，リズム運動を活用することによって音楽のみではなく，人間全体の成長を目指す教育法であるという，倉橋の

リトミック観がここに述べられている。この部分は問答法という形式をとっているが，質問者も返答者も倉橋自身である。これらのことから倉橋の「幼児教育における全体の教養に大きな関係を持つものはなにか」という自らの問いに，倉橋自身が「それはリトミックではないか」と答えようと意図して，⑾から⒁までの想定問答を⒂の「リトミック」という回答に向けて作成しているのである。さらに，⒂の問いに対して倉橋は，「そこまでは兎にかく，リズムを感じ，リズムを解し，リズム的に生活し得ることは，確かに教養の一要素ですから」[20]と記している。

本項の③では，身体と神経の調和や身体の健全な発達の為にはリズム教育が重要である，としたジャック＝ダルクローズのリズム教育観を述べた。倉橋の文章から，リトミックを検討しはじめていた当初の時期から10年を経て，彼のリズム教育観はジャック＝ダルクローズのリズム教育観により接近したと捉えることができよう。

さらにこの座談会の終盤にはこの様に記されている。

⒃あ，ピアノが聞えてゐますね。これから唱歌でせうか。一寸違ひますね。

⒄あれは，音感教育を試みてゐるのです。絶對音といふので，近來いろいろの意味で主張されてゐるのですが（中略）全體の教育とどう関係するか，今は未だ實瞼してゐるところです。これは，研究の上で，またお話いたしませう。[21]

『婦人と子供』の第1巻第1号には，当時の音楽教育の第1人者とされる井澤修二が「幼兒に課する唱歌遊戯の話」を寄稿し，「唱歌遊戯等もなるべく，子供に適し言葉も曲も，なるべく簡単なるものになつているやうで誠に結構」[22]と述べている。この雑誌の第1巻が発行された1901（明治34）年当時は唱歌の関心は言葉と曲にあったことが判る。

(1)の記述からも判るように，当初は倉橋も子どもの音楽は歌詞が重要だと考えていた。(16),(17)は倉橋が後に記した「幼稚園でしてゐること―唱歌―」の中の文である。ここで示されている唱歌の内容は，ピアノを使用した音楽活動であること，関心は言葉と曲ではなく，音感教育であることが示されている。(8)からはリトミックについて言及する内容であり，(16)ではリトミックの教育内容ソルフェージュについて，実践を行っていることを報告しているのである。倉橋の音楽教育観が変化したことが明確に解る部分である。続く(17)では，倉橋の幼児教育観である「幼稚園教育が不断に顧慮しなければならぬことは，／一，身體の健全なる發達／二，神經系統の養護／三，個性の保存」[23]に対して，リトミックがどの様に関連づけられるものであるのかを問い続けている。

　倉橋はリトミックが人間全体の育ちに寄与するリズム教育であることを，幼児教育での実践から検討し，その活用法を模索し続けていたといえる。

④　幼児教育へのリトミック導入の検討者としての役割

　当初倉橋がイメージしていたリトミックについては，細かなところまでの情操，子どものセンスに働きかけ過ぎるのでは，という懸念を生み，その側面が幼児教育に合わないのではないか，という考えを示していた。倉橋は，当時紹介されたリトミックを芸術教育であると解釈し，当時の幼児教育とは距離があると考えたのであろうと思われる。

　このリトミックと幼児教育の距離について，ジャック＝ダルクローズ自身のリトミック観に立ち戻りたい。先行研究において伊東（2014）は，ジャック＝ダルクローズの幼児教育観について述べている。ジャック＝ダルクローズの幼児教育観は「幼児教育への重要性に気付いた時期」⇨「幼児教育観が充実した時期」⇨「幼児教育観が実践を通して深まった時期」という変遷を見せており，晩年の著作（1942）『想い出 Souvenirs』の中に「保育園にて」という章が出てくることを報告している[24]。この様に，ジャック＝ダルクロー

ズ自身もリトミックと幼児教育の関係に言及したのは晩年であったことを鑑みると，幼児教育にとってリズム教育の本質はどうあるべきか考えたジャック＝ダルクローズと倉橋惣三のリズム教育観が類似していることは明らかである。

　音楽教師であった小林宗作，体育教育と音楽教育の両側面からリトミック見た天野蝶，音楽教育法の理論を追及した板野平らも日本においてリトミックを幼児へと適用していた。幼児教育者であった倉橋が，当初はリトミックを芸術教育だとみなし，特に音楽的センスを育てるものであると考えたのは当然の流れであったと思われる。

　倉橋は幼児教育と音楽教育の距離を考え，何年にも亘り問い続けた結果，リトミックが幼児教育においても有効であると捉えるに至った。本論においては，倉橋のリトミック観の変遷を明確にすることができた。今後は倉橋のリトミック理解の変遷をたどる中で，彼の幼児教育観にどのように反映されている部分があるのかを探ることが課題であろう。

第 3 章　倉橋惣三による幼児教育とリトミック　　　　　　　　　　　　75

【注および引用文献】
①倉橋惣三（1929）昭和 4 年「児童保護の教育原理」『大正・昭和保育文献集』第八巻所収（1978）日本らいぶらり
②米村佳樹（2004）「幼児教育と詩歌―倉橋惣三に学ぶ―」日本保育学会大会発表論集（57）
③大沼覚子（2011）「大正から昭和初期の保育における音楽活動の理論と実際」東京芸術大学学位論文（博音第 194 号）
④長井覚子（2014）「大正から昭和初期の倉橋惣三における唱歌・遊戯論」白梅学園大学・短期大学紀要（50）
⑤倉橋惣三（1929）前掲書，p.200
⑥倉橋惣三（1914.6）大正 3 年「保育入門（五）」『婦人と子ども』第十四巻第六號，フレーベル會 p.284
⑦エミール・ジャック＝ダルクローズ著，板野平訳『リトミック・芸術と教育』全音楽譜出版社（1986）pp.4-5
⑧同上書 p.11
⑨同上書 p.42
⑩同上書 p.48
⑪倉橋惣三（1914.3）大正 3 年「保育入門（一）」『婦人と子ども』第十四巻第一號，フレーベル會，p.3
⑫倉橋惣三（1915.1）大正 4 年「保育入門（十）」『婦人と子ども』第十五巻第一號，フレーベル會，p.32
⑬倉橋惣三（1930.5）昭和 5 年「保育座談會―遊戯，唱歌について―」『幼兒の教育』第三十巻第五號，日本幼稚園協會 p.56
⑭同上書 pp.56-58
⑮倉橋惣三（1940.11）昭和 15 年「幼稚園でしてゐること―遊戯―」『幼兒の教育』第四十巻，第十一號，p.32
⑯ E.Jaques-Dalcroze　Le rythme la musique et l'education　Edition Fœtisch（1558）
⑰ E.Jaques-Dalcroze　前掲書（1558）p.85
⑱ E.J＝ダルクローズ，山本昌男訳，『リズムと音楽と教育』pp.113-128
⑲エミール・ジャック＝ダルクローズ著，山本昌男訳，板野平監修『リズムと音楽と教育』全音楽譜出版社（2003）p.11
⑳倉橋惣三（1940.12）昭和 15 年「幼稚園でしてゐること―唱歌―」『幼兒の教育』第四十巻，第十二號，p.35-37
㉑同上書 p.37
㉒井澤修二「幼兒に課する唱歌遊戯の話」『婦人と子供』第 1 巻第 1 號，フレーベル會（1901）p.61
㉓倉橋惣三（1914.6）大正 3 年「保育入門（五）」『婦人と子ども』第十四巻第六號，フレーベル會 p.284
㉔伊東薫「ジャック＝ダルクローズの幼児教育観の変遷に関する研究」『ダルクローズ音楽教育研究』，日本ダル音楽教育学会（2014）pp.36-47

第4章
石井漠による舞踊教育とリトミックの導入

1 石井漠によるジャック゠ダルクローズの
リズム観の受容に関する研究

① 石井漠研究の課題と設定

　本研究では，日本の西洋舞踊初期の時代を代表する舞踊家，石井漠を取り上げる。我が国の西洋舞踊史上，パイオニアとしての石井の存在は重要である。石井の生涯については，自伝をはじめとして，彼の個性を際立たせる極めて特徴的な写真や，公演記録も数多く記録されている。

　2014年6月と2015年3月，新国立劇場において「ダンス・アーカイヴ in JAPAN」が上演された。当日のステージにおいても，満員の会場は石井作品の復刻版に始まり，石井の舞踊を継承した石井みどり（1913-2008）の作品『体』の上演で熱気を持って閉じられた。この企画では我が国の現代舞踊の足跡が検証され，復元公演は日本の舞踊界に大きな反響を呼んだのである。

　日本の西洋舞踊史上，重要な存在とされている人物として，G・V・ローシー（Govanni Vittorio Rosi 1867-没年不詳）[1]の名が挙げられる。ローシーは1912（大正元）年に来日し，帝国劇場の洋劇部の教師としてオペラやバレエを指導した。彼の下でバレエを学んだ者は，石井漠（1886-1962），高田雅夫（1895-1929），高田せい子（1895-1977），小森敏（1887-1951）等，その後の日本の舞踊の草創期に名を連ねる舞踊家らの名が挙げ

られる。片岡（2015）は，石井漠を「西洋の模倣ではない独自の舞踊芸術を探求し続けた日本の現代舞踊の始祖」[2]と評価している。石井が「独自の舞踊芸術」と評価されたものの一つとして，リトミックを自らの舞踊の方法に活用したことが挙げられる。

　これまでの舞踊研究界での高い認知度に反して，石井は音楽教育研究という側面からは，論じられることは多くは成されてこなかった。ここでは石井の舞踊に活用されているリトミックについて検討し，石井が舞踊の動きとリズムについてどのような見解を持っているのかを明らかにしていく。

　現代舞踊（＝モダン・ダンス）は，20世紀に生まれ，新舞踊から近代舞踊，そして現代舞踊と呼ばれてきた。現代舞踊は，創作としてのモダン・ダンス，バレエ，タップダンス，フォークダンス，民族舞踊等を包括したものとして解釈すると考えられている[3]。明治以降に移入され，日本の舞踊文化の中で存在しているこれらの現代舞踊は，帝国劇場時代の舞踊家らの活動から影響を受けて発展してきた部分が大きいといえる。

　リトミックは身体の「動き」による教育が注目され，我が国では音楽教育のみならず，歌舞伎，演出，舞踊，体育の分野において身体表現の方法に活用されるべく導入された。音楽教育，体育教育への導入の在りようは昨今の研究により明らかになりつつある。本研究において舞踊の表現と教育にリトミックを活用した石井のリズム観という新たな視点からの検討を行うことは，リトミックの導入史上も新たな見解を示すことにもなり，意義がある。

　本研究の目的はジャック＝ダルクローズのリズム観が石井の舞踊観にどのような形で受容されているのかを明らかにしていくことである。石井は自らが舞台に立つ舞踊家であるだけでなく，舞踊研究所を立ち上げ，後進の指導にあたる舞踊教育者でもあった。石井による舞踊教育にはリトミックが活用され，その内容は『舞踊表現と基本指導』や『舞踊の本質と其創作法』などの指導書に纏められている。研究の方法は，これらの指導書に見られる石井の記述を中心に，石井の舞踊観について検討していく。また，石井の舞踊に

影響を与えた帝国劇場との関わりも確認する。このことにより，日本の西洋舞踊，モダン・ダンスの潮流にジャック＝ダルクローズの音楽教育法が影響を及ぼした一面が明らかになると思われる。

② 先行研究

石井は西洋舞踊の中にリトミックの方法を導入した。そのことを踏まえて，舞踊研究の観点からリトミックについて検討している先行研究を概観したところ，舞踊とリトミックに関する論文はいくつか存在する。香山（1982）[4]，(1983)[5]においてはジャック＝ダルクローズのリズム教育論の詳細な検討が必要である，との提言がなされている。小嶋（1989）[6]はルドルフ・ラバンによる「ラバン技法」を用いたモダン・ダンスの基本の動きの練習の中に，「ジャック＝ダルクローズに関連した課題」を導入した実践報告を行っている。これらの論文では石井とリトミックについて触れられてはいないが，この先行研究から，我が国の舞踊の分野においても，リトミックの活用が受容されていることが伺い知れる。

身体表現という観点からは，石井が提唱した「舞踊詩」について，片岡[7]が中心となり1989年，1990年の両年，「われわれの時代にとって舞踊とは何か」と題したシンポジウムが開かれた。その場では石井とローシーとの対立が日本の近代舞踊の出発のきっかけとなったこと，石井が音楽家である山田耕筰（1886‐1995）からリトミックの手ほどきを受けていたことについての報告がなされ，それをもとに意見交換がされている。

山田耕筰がヘレラウにあったダルクローズの舞踊学校（Hellerauer Institut）を見学し，リトミックは彼の活動に対する良い暗示を与えたということ，山田以外にもリトミックからの示唆を受けた舞踊家として石井，伊藤道朗（1893‐1961），岩村和雄（1902‐1932）らが存在することは福嶋（2003）[8]によって，その名が挙げられている。中舘（2005）[9]は山田耕筰の「舞踊詩」を検討する上で，共に「舞踊詩」を創り上げた人物として石井

を紹介している。さらに平沢（2006）[10]も山田耕筰の教育実践の試みの一つとして「舞踊詩」を採り上げ、石井の助力があったことを報告している。

このように、石井とリトミックについては、石井が山田耕筰を介してリトミックに興味を持ったこと、リトミックを舞踊に活用することで、モダン・ダンスに「舞踊詩」という新たな見解を示したことについての概要が報告されている。しかしながら、石井が述べる「舞踊詩」に内包される舞踊観と、ジャック＝ダルクローズのリズム観との関連性という観点からの研究は、舞踊と音楽教育の分野を概観したところ、見当たらない。よって、本研究では石井の活用したリズム教育の方法と理念を検討しつつ、彼の舞踊観を明らかにしてゆく。

③　石井漠がリトミックを紹介されるまでの経緯

本項では石井が山田からリトミックを紹介されるまでの経緯について述べていく。

❶　石井漠と帝国劇場

日本の近代化を目指す明治の新政府の伊藤博文（1841-1909）、西園寺公望（1849-1940）らは欧米の政治形態、諸制度、資本生産様式等の研究や吸収を推進すべく、多方面からの国民の啓蒙、開明を図っていた[11]。その指導者らの提唱を受け、「国を代表する劇場を造ろう」と、渋沢栄一ら財界人が発起人となり建てられたのが帝国劇場である。近世になり大衆芸能は劇場や寄席、見世物小屋、大道などで盛んに演じられることによって発展していった[12]。杉浦（1920）は帝国劇場の成り立ちを、「帝國劇場は從來の所謂芝居小屋と異なり、伊藤博文公、西園寺公望侯の如き先覺者によりて提唱せられ、吾邦實業界の第一流たる諸名士によりて發起せられたるものにして、實に新日本の代表的劇場也」[13]と記している。帝国劇場はそれまでの日本の舞台芸術の在りようのみならず、文化の発展に大きく影響を与えてきたので

ある。

　少年時代の石井は,「合唱団も作り，比較的その方面に熱心」[14]であり，秋田県立高等女学校へグランドピアノを見学しに行き，ショパンに憧れ，また，文学雑誌に投稿をするなど，当時から音楽や文学に強い関心を抱いていた。石井は県立秋田中学を卒業後，1909（明治 42）年に上京した。『帝劇十年史』には，1912（明治 45）年 2 月，謡曲「熊野」を歌劇化した作品に出演した劇場の男子歌劇部員として，本名「石井林郎」の名が挙げられており,「彼らの技藝は素より未完成なりと*[15]も，亦特有の美點あり」[16]と評されている。

　同年 10 月，ローシー夫妻[17]は来日して間もなく無言劇（パントマイム）を披露している。我が国の舞踊史上，ローシーが来日した大正元年が西洋舞踊が導入された始まりである。石井は後から「この人によつて初めて樣式舞踊の基本技巧が日本に移植されたのであるから，我々にとつては忘れぬことのできない恩人である」[18]と回想している。松本（1966）によれば，パントマイムの名手であったローシーの演技は「無言劇は日本ではじめての形式のものだったので，それほどの評判にものぼらなかった」[19]とある。一方，杉浦は来日したローシーの指導の様子を鮮明に記憶していると述べる。

> 　ローシー夫妻來る。彼らは曩に西野前専務が相州滞在中，會社の依頼を受けて招聘したるダンスの教師也。ジー，ヴィー，ローシー氏は歌劇俳優の淵叢たる伊太利に生れ，父祖の業を継ぎて，（中略）舞踊術に於て非凡の手腕あるのみならず，一般演劇に對する造詣亦浅からず。彼れが六尺棒を揮ひ，口角泡を飛ばして熱心に弟子を教導する態度は今尚ほ吾人の眼底に存するを覺ゆ。[20]

　石井はローシーの教え子の第一期生として西洋舞踊の薫陶を受けることとなった。石井をはじめとする一期生らはその後，熱心なローシーの指導の下

に西洋舞踊の演目に出演した。記録には「同三年九月、左記十四名の洋劇部員は就業證書を交附せられたり」[21]として、石井の本名「石井林郎」の名が挙げられている。しかし、ローシーが西洋舞踊のフォームを徹底的に指導するために六尺棒を頻繁に使用していたことから、舞踊生らには青あざが絶えず、不満が募ってきた折に石井はローシーへの反発を表明した。これがきっかけとなり、石井はローシーの指導から離れたのである。

2　石井漠が山田耕筰から受けた示唆

　石井は自著『世界舞踊藝術史』[22]に纏めた「日本舞踊史」において、日本の舞踊を区分している。それは、①上代、②舞楽時代、③能楽時代、④歌舞伎舞踊時代、⑤新舞踊時代　と5つに分けられている。石井は⑤の新舞踊時代について、「新しい生活と社會制度に伴ふところの舞踊改革の時代、即ち現代である」[23]と述べ、「舞踊の本質に對する眞面目な反省と、新しい日本文化の中から芽生えて來る舞踊の運動として、所謂『新舞踊』の行動が始められたのは大正四年頃からである」[24]と記している。石井にとっての1915（大正4）年は、ローシーの下を離れ、山田と共に新舞踊を創案しはじめた時期である。山田耕筰はその前年1914（大正3）年にドイツから帰朝していた。石井は「舞踊家としての山田耕筰」との出会いを以下のように綴っている。

　　大正三、四年頃のことだから、かなり古い時代にさかのぼるわけだが、そのころ、私は帝国劇場の生徒の時分で、舞踊を教わっているものの、どうもその舞踊というものに疑いが出来て、結局、帝劇を飛び出すことになったのである。／（中略）前の山田夫人がその当時の帝劇の同期生だった関係から、山田先生に紹介を求め、イサドラ・ダンカン、サカロフ、ニジンスキー、ダルクローズ等の素晴らしい土産話に、私は全く度肝を抜かれてしまった。私は、早速山田先生の稽古場に引き取られるこ

第4章　石井漠による舞踏教育とリトミックの導入　　　　　83

> とになり，先生と協力して，日本に新しい舞踊の運動を起こすことに相談が決まったのである。／私達は先ず，ダルクローズのメソードから丹念に研究しはじめた。[25]

　石井に山田を紹介した山田夫人とは，河合磯代（1893-没年不詳）である。帝国劇場では開場当初，男子8名，女子7名を試験の上採用しており[26]，石井も河合もその中に第1期生として名を連ねている。帝国劇場では当初，河合らを歌劇女優として養成した。しかし，当初は「彼らはコーラス，ガールス（女子合唱組）又はバレー，ダンサース（舞踊隊）を勤めしに過ぎず。斯くの如くにして漸く歌劇の體を備えたりと＊[27]も，其の内容たるや外国の歌劇を直評的に演ぜしものにして，未だ以て眞の日本歌劇とは謂ふべからず。」[28]という状況であった。新たな時代を象徴するような白亜の西洋建築物として一世を風靡した帝国劇場であったが[29]，上演内容は「吾藝術も始めて世界的地位を認識せられ，従って彼をして我の文化と国民性とを理解せしむ得べく」[30]という理想には遠く，ほどなく石井を含む男子の歌劇部員らを採用したという経緯がある。

　それ以前，石井は帝国劇場の管弦楽部員として籍を置いていた時期もある[31]。ヴァイオリン，声楽，西洋舞踊，日本舞踊，演技に関わる専門的知識の習得[32]，またそれらを帝国劇場の舞台で表現する機会を得ていたことが，当時の石井の舞踊家としての基礎となった。山田から聞いた西洋の芸術教育論は，石井の舞踊への探求心を刺激したことは間違いない。

　石井は山田を「舞踊家山田耕筰先生」[33]と称して尊い，「極端な強情で，極端な負ず嫌いで，極端な努力家」[34]であると評している。帝国劇場を脱退し自らの舞踊を模索し始めた石井と，ドイツから帰朝したばかりで西洋の芸術教育に大いに刺激を受けてきた山田は，舞踊界へ新風を吹き込もうとしたのである。山田と共に新たな舞踊を模索する手立てとしたのがリトミックであった[35]。1916（大正5）年には，山田は演出家・小山内薫（1881-

1928）と移動劇団「新劇場」を結成し，そこに石井も加わり，新舞踊を追及したのである。

2　石井漠の述べる「舞踊詩」と舞踊観

　石井と山田の両名がリトミックを検討しながら創案した新舞踊とは，彼らの述べる「舞踊詩」である。平沢（2006）は山田が舞踊詩についてのインスピレーションを，アメリカ出身の女流舞踊家イサドラ・ダンカン（1878－1927）の即興的な創作舞踊や，ジャック＝ダルクローズのリトミックから刺激を得ていたという見解を示している[36]。石井の著書にはダンカンやラバン，ヴィグマン，サカロフ，デュディンらの方法や理念に触れ，示唆を受けていると思われる部分も見受けられるが，リトミックが石井の舞踊観の基調となっていることは，彼が『舞踊表現と基本指導』[37]や「私の舞踊論」[38]において，ジャック＝ダルクローズの言葉を多用し，その方法を自らの舞踊に活用していることから明らかである。

①　石井漠の「舞踊詩」の理念

　石井によると「舞踊という言葉が気に食わないというので『舞踊詩』と改めることになった」という。また，「私達の唱へてゐる舞踊詩といふのも，要するに藝術的作品としての舞踊の別名にすぎません。そして，在来の舞踊と異なつてゐる點は，絶對に傳統的な精神の下に置かれてないといふこと，言葉を換へていえば，絶對に創造的でなければならないといふのであります」[39]とある。呼称の由来には直接言及していないが，石井と山田は「絶対に創造的でなければならないこと」という理念の根幹をリトミックに求めたのである。そして，下記の文に「舞踊詩」の理念が著されている。

第4章　石井漠による舞踏教育とリトミックの導入

> 舞踊の歴史を見るとよく解るが，舞踊はこれまで先にのべた「肉體のリヅミカルな動き」だけで世の中に現はれたことが殆んど少い。その肉體の運動の他に，音樂があり，衣装があり又背景や物語や假面や演劇的な身振り表情等の様々なものが入り混つた「舞踊」であつた。（中略）舞踊藝術として我々の前に現はれてゐるものゝ中から，例へば音樂的要素（伴奏）を取つてしまひ，繪畫的要素（衣装，背景）を取つてしまひ，文學的要素（物語，言葉）を取つてしまつたら後に何が残るか？そこに残された肝腎の舞踊要素（身體の動き）の仕方が餘りに貧弱なのに呆れるだらう―（中略）かくして舞踊藝術は最も純粋な發展形式を見出すことになつた。これが所謂「純舞踊」一時我々の稱した「舞踊詩」である。[40]

石井は「肉體のリヅミカルな動き」を舞踊の基本に据えて追及しようとしている。「音楽的要素」，「絵画的要素」，「文学的要素」という3つの観点を，最小限に純粋化して残った「身体の動き」をリズムと関連付けるところに「舞踊詩」の定義を見出している。この3つの観点を考察していくことにより，石井の舞踊観が明らかになると思われる。

②　石井漠の舞踊観

1　音楽的要素（伴奏）

石井は『舞踊緒本質と其創作法』において，「舞踊と音樂の關掛」という章を立てている。「舞踊といふものは，肉體の運動による藝術であるとしても，音といふものの聯想を除外して物の動きを見ることが出來ませうか。私に云はせると『出來ません』と答ふるより外仕方がありません」[41]と述べ，自然現象を例に挙げ，物の動きと音は一体であること，物の運動を無視しては音楽が成り立たないと述べている。

後に石井はマリー・ヴィグマン（Mary Wigman 1886-1973）の無音楽舞踊について言及している。「ドイツのマリィ・ウィクマンの無音樂舞踊の

運動も實はダルクローズのこの創意に源を發したもので，その後私たちの研究にも大きな影響を與えてくれたことも疑いのない事實であります。」[42]とし，更に考察を続けている。「ところが我が國にもウィグマンの流れを汲んでいると稱する舞踊教育家の中に少しもそういつた氣持を感じ取ることが出來ないというのは何故でしょう。單におもいつきだけでリズム的感覚の伴わない動きの斷續――私はこれらのものをどうしても踊舞（ママ）として考えることが出來ない」と述べている。

石井はヴィグマンの無音楽舞踊は，ヘレラウのダルクローズ学校で受けた「リズム的基礎訓練の賜」があったところに価値があることを見出している。そして「音樂を打楽器の程度に退けようとした」[43]ヴィグマンの取り組みを「全く音がない舞踊ばかりではなく，大體は銅鑼だとか鐘だとか太鼓のやうなもので極く單淳和リズムを刻んで踊るのであるから，絶對の無音樂とは言へぬ（中略）舞踊の純粋化」[44]であると評価している。つまり，音楽的要素の純粋化によって残るのは「リズム運動」であると石井は考えていた。

2　絵画的要素（衣装，背景）

ジャック＝ダルクローズは論文「音楽劇におけるリズムと所作，批評に答える」において，以下のように述べている。

> 私たちの身体を教育しようと望むのなら，その認識の仕方を学んでおくことがどうしても必要で，まさしくそのために，衣装に関して古代ギリシャの使い方に…（中略）芸術的身体造形的学習のためなら，プライベートな訓練においては，準裸体に立ち戻るよう大声で主張するものである。裸体は，身体表現の為の不可欠なコントロール手段であるばかりでなく，ギリシャの大哲学者たちも名言しているように，美的感覚の基本要素，身体への敬意と導いてくれるものでもあるのである。[45]

第 4 章　石井漠による舞踏教育とリトミックの導入　　　　　　　　　　　　　　87

　ジャック＝ダルクローズは身体的教育のために，衣装は古代ギリシャに範を求めるのが望ましいという見解を示している。六月祭を演じる教え子らの衣装は野に遊ぶニンフの姿を表している [写真 1][46]。

　一方の石井は「バレエの中にこり固まっているかと思われたニジンスキーが，一躍，はき慣れたバレエ靴をかなぐり棄てて，古代ギリシヤの神話の中に自分の生命を求めようとした勇敢さ」[47]について驚愕したと記し，ローシーと同門のニジンスキーがトウ・シューズに縛られない表現をしたことを評価している。また，石井は舞踊を練習する際の服装 [写真 2][48]について「私が練習服として使用して居りますものは，古代ギリシヤの服装から考へ付いたものでありまして，舞踊の練習には，優美で，自由な一番理想的な服装だと思ひます」[49]と解説している。

　石井が「腕の運動」で示したポーズと衣装は，ゴムひもを引っ張りながらブレスと弛緩状態の動作をするというジャック＝ダルクローズの練習法[50]で紹介されているものと似ている [写真 3]。また，石井は著書『舞踊藝術』の冒頭写真には今にも動き出しそうなポーズの古代ギリシャの彫刻や，ミューズと踊るアポロの絵画，ボッティチェリの『春』の一部を挿入した [写真 4]。

　[写真 1] と [写真 3]，[写真 2] と [写真 4] をそれぞれ対比して見た限りでは，石井の舞踊観に現れる絵画的要素は，ジャック＝ダルクローズの持つイメージを共有していると考えられる。また，石井は「動きのリズム」を感じられる絵画，彫刻に関心を示したのである。石井は絵画的なポーズについて，「舞踊はポーズの連續したものだと考えている人があります。所が(ママ)，もしも舞踊の表現的特異の境地がポーズにあるとしたならば，それは到底彫刻に及ぶ所ではありません。（中略）舞踊の特質はポーズにあるのではないということが判ります」[51]と述べている。石井はリズミカルな動きのない静止したポーズは舞踊ではないとしたのである。

[写真1]
ジャック＝ダルクローズの
「六月祭」

[写真2]
石井の「腕の運動」

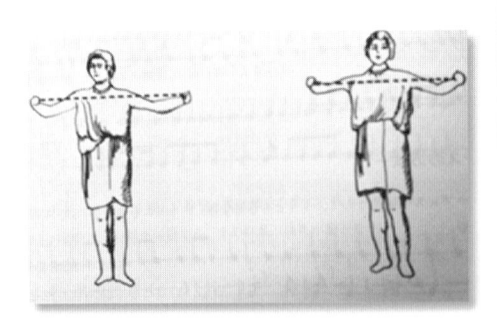

[写真3]
ジャック＝ダルクローズの
「ゴムを使用した練習」

[写真4]
石井の著書の挿入画
「ボッティチェリ：春」

3 文学的要素

「物の説明は舞踊ではない」とする石井の考えは，舞踊と言葉の関係に言及している部分に明確に顕れている。

　眞の舞踊を鑑賞する場合において，小説や芝居を見る時のように，言葉という媒介者をおいて知識的に判断しようとしたり，いわゆる，先入的な知識の城壁でもつて官能を覆うてしまうような事をしたら，舞踊の心は自分の心の奥深くにはしみこんで來ないでしよう。
　いわんや，あの時の，ああいう風な手つきは，一體何を意味しているのだろうなどと考えて來たら，舞踊というものは益々判断がつかなくなつてしまつて，舞踊の鑑賞は徒らに時間の浪費に終わつてしまうことと思います。それは音樂の場合と全く同じことです。[52]

このように言葉を介して意味を伝える事が優先されるような舞踊は，自らの心にとっても鑑賞している者にとっても，徒労に終わることを示唆している。更に，頁を改めて以下の様にも述べている。

　近頃流行する童謡舞踊などで，「まーるい，まーるいお月様……」という言葉を躍らしているのを見ると，子供は両手で頭の上に大きな丸を作ります。所が（中略）言葉がなかつたら，あればお鉢のふ⦁た⦁だと思う人があるかもしれません。然し，いずれにしてもこれは絕體に舞踊ではないのであります。何故なれば，これは，表現ではなくて，物の説明だからであります。[53]

上記のように，石井は当時日本で行われていた子どものための舞踊が言葉による支配を大きく受けていることを指摘した。「物の説明」は舞踊ではないという考えは，パントマイムの捉え方にも影響を及ぼした。

石井は帝国劇場時代にローシーの無言劇（パントマイム）『犠牲』を見た当初（1910年代）は，「バレーだと思っていた」[54]という。その約40年後に纏めた『舞踊表現と基礎指導』では「いわゆる西洋にある無言劇（パントマイム）…（中略），少なくとも舞踊であるとは考えられません」[55]と述べるに至っている。リトミックを自らの舞踊の基礎として検討していくにつれ，石井の舞踊観においては，動きが停止するポーズは舞踊と異なるものである，という認識へと変化したのである。石井の次の記述に注目したい。

> 　眞の舞踊は，私の考えでは，
> 「人間の感情或いは思想が，ある意志の下に，肉體を通して象徴的に表現された韻律的な運動」であつて，これらの条件の一つでも缺けているのは，眞の意味における創作舞踊ではないというのであります。[56]

　石井の述べる舞踊詩とは，言葉の意味の説明や事象の模倣ではなく，身体と精神から発せられたリズミカルな運動でなくてはならないという事である。石井は「その運動を整理していく所の『リズム』というものが必要」[57]であるということも，繰り返し述べている。つまり，舞踊の為の動きを純粋化していくために必要なものはリズムである，という考えを示しているのである。

③　舞踊の純粋化のためのリトミック活用者としての役割

　ここまで「音楽的要素」,「絵画的要素」,「文学的要素」の３つの観点から，石井の「舞踊詩」の定義を考察してきた。石井はこれらの舞踊の観点を純粋化することにより，自らの新舞踊を創り上げようとしたのである。石井は下記の３つの要素にリトミックを活用しようと考えていたと思われる。検討の結果，以下の事が考察された。

(1) 音楽的要素の純粋化はリズムを重視することである。舞踊と音楽は共に必要不可欠な存在であるとしながらも，音楽を純粋化した結果，最重要視すべきはリズムであるという結論に至っている。それを裏付ける様に石井は指導書『舞踊表現と基本指導』では「基本指導」を一編設け，リズム練習法として速度，強度，拍子，分解，延長，時間と力と空間との連合，応用という項目立てをしている。これらはジャック＝ダルクローズの論文「リトミックと作曲」（1915年），もしくは「リトミックと身体造形」（1919年）によって論じられている項目である。また，『舞踊の本質と其創作法』においては特に「歩行」を取り扱っており，ジャック＝ダルクローズのリトミック教則本『リズム運動』のように，拍子に合わせる歩行運動が纏められている。これも石井が参考にしたジャック＝ダルクローズのテキストであった可能性は高い。石井は「ここに納めてある基本練習は，石井式舞踊基本練習のある一部であつて，歩行に關する部分だけに止めてあります。然し，この歩行の練習といふのは，舞踊の基本練習といふものゝ基本であつて，歩行練習に於ける精神を除外して，舞踊の練習法が成り立たないといつても差支へないほど必要なものであります」[58]とも述べている。「リズムの意識とは時間の長短，區分のあらゆる連續及び結合をいろいろな強さと速さに適當に配置する能力である－とも云っています」[59]等，石井は著書の中でジャック＝ダルクローズの言葉を多用し，自らの舞踊の根本とした。

(2) 絵画的要素の純粋化は身体の動きを意識することである。石井は次の様にも述べている。「藝術の作品としての舞踊は娯樂的では絕體になく，寧ろ宗教的なのであります。私たちの唱えている創作舞踊というのも，要するに，藝術的作品としての舞踊の別名にすぎません。そして在來の舞踊と異なつている點は，絕對に創造的でなければならないというのであります」[60] このように，石井のリズム運動のイメージはジャック＝ダ

ルクローズの述べる古代ギリシャの要素を共有していることも明白になった。写真による比較も一つの参考になろうかと思われる。

(3) 文学的要素の純粋化は精神と肉体から表現されるリズム的運動を重視する，というところに石井の舞踊観が表れたと見てよい。石井は「文學の境地を舞踊が侵さうとした所で,ある意味から云つて甚だ滑稽な事」[61]と述べ,さらに「舞踊が本來あまりにも藝術的であつたにもかかわらず,生一本の藝術として成長する前に,物眞似の方面に延長してしまつたり,物語的演劇的にのみ發展してしまつたり，或いは機械的な律動感やアクロバティックな技巧やスタイルの技術化のみ走る，こうした舞踊界の現實生態が私達の複雑な心理を如實に物語つているのであります。」[62]と述べ，舞踊が技術中心，テクニック重視，模倣などから芸術性を失わないことを念じているのである。これらのことから「音楽的要素」，「絵画的要素」，「文学的要素」の純粋化を目指して，リトミックを活用していることが明らかである。

　石井の舞踊の根幹にはリトミックの理念が大きく反映している。今回は石井の舞踊詩の理念の検討ができたことは大きな意義があったと思われる。今後，舞踊観のみならず，その方法を詳細に検討する必要もある。また，石井は学校教育にも関わっており，この部分を教育観という視点から掘り下げていく課題も残している。石井の舞踊教育は，「石井みどり・折田克子舞踊研究所」において現在も活発に受け継がれている。

【注および引用文献】

① ローシーの師であるエンリコ・チェケッティ（Enrico Cecchetti 1850-1928）はイタリアを代表するダンサーで，彼の弟子にはアンナ・パブロワやヴァーツラフ・ニジンスキーらの名が挙げられる。
② 片岡康子監修，著『日本の現代舞踊のパイオニア―創造の自由がもたらした革新性を照射する―』丸善出版（2015）p.32
③ 我が国の現代舞踊の有り様については片岡康子・大野一雄他著『石井漠研究』ダンスワーク舎（1986）に詳細が纏められている。
④ 香山知子「ダルクローズのリズム教育―音楽と身体の動きを中心に―」『舞踊學』Vol.1982.No.5, pp.30-31
⑤ 香山知子「ダルクローズのリズム教育(2)―Rhythmic Movement を中心に―」『舞踊學』Vol.1983.No.6, pp.31-32
⑥ 小嶋秋子「リズム・表現運動学習についての一考察―ラバンセンター国際夏季舞踊研修会におけるラバンテクニックに併せて―」宮崎女子短期大学紀要 15（1989）pp.51-72
⑦ 1989年，1990年の2回にわたる舞踊学会「われわれの時代にとって舞踊とはなにか」シンポジウムテーマは「石井漠―舞踊詩と展開―」として企画された。
⑧ 福嶋省吾「日本におけるリトミック教育の歴史的概観」『日本ダルクローズ音楽教育学会創立30周年記念論文集 リトミック研究の現在』開成出版（2003）pp.25-39
⑨ 中館栄子「山田耕筰の『舞踊詩』における E. ジャック＝ダルクローズの影響―音楽と動きの融合という視点から―」ダルクローズ音楽教育研究通巻第30号（2005）pp.1-14
⑩ 平沢信康「初期文化学院における舞踊教育実践について―山田耕筰による『舞踊詩』の試み―」鹿屋体育大学学術研究紀要第34号（2006）pp.9-29
⑪ 名倉英三郎編著『日本教育史』八千代出版（1984）p.75
⑫ 西山松之助「近世芸道思想の特質とその展開」『近世藝道論』岩波書店（1972）p.591
⑬ 杉浦善三『帝劇十年史』玄文社（1920）pp.1-3
⑭ 石井漠『おどるばか』産業経済新聞社（1955）p.3
⑮ ＊の箇所の文字は印字がつぶれており判読不可能。
⑯ 杉浦善三（1920）前掲書 p.145
⑰ ローシー夫人の名「ジュリア・リーベ」は注 12 前掲書に記されている。
⑱ 石井漠『私の舞踊生活』（1951）大日本雄弁会講談社 p.16
⑲ 松本克平『日本新劇史』筑摩書房（1966）p.551
⑳ 杉浦善三（1920）前掲書 p.146
㉑ 同上書 p.149
㉒ 石井漠『世界舞踊藝術史』玉川學園出版部（1943）
㉓ 同上書 p.94
㉔ 同上書 p.114
㉕ 石井漠，前掲書（1955）p.28
㉖ 杉浦善三（1920）前掲書 pp.143-144
㉗ ＊の文字は印字がつぶれており判読不可能。
㉘ 杉浦善三，前掲書（1920）p.144
㉙ 有名な「今日は帝劇 明日は三越」，「飾る日も，飾らない日も三越と」という宣伝文句は，当時の消費時代の幕開けを象徴する言葉として有名である。これらの言葉に表されているように，当時は経済の活発化が顕著であった。
㉚ 杉浦善三，前掲書（1920）p.3
㉛ 同上書 p.136 には「ユンケル，及びウエルクマイステル両氏の指揮の下に管弦楽の練習を開始せるは，実に明治四十三年九月五日也」とあり，石井の名は記されていない。

石井漠（1955）前掲書 pp.14-16 に，「帝劇の管弦楽養成所に入所」したものの，当時世話になっていた小説家三島霜川の頼みでヴァイオリンを質に入れ，そうこうしているうちに「漫然と帝劇を休むことになってしまった」と記されている。
㉜石井は帝国劇場に於いて声楽を三浦環，清水金次郎，サルコリ（イタリア人テノール歌手），日本舞踊を水木歌若，西洋舞踊をミス・ミックス，演技を鈴木梅助から指導を受けている。石井歓『舞踊詩人石井漠』未来社（1994）p.77
㉝石井漠，前掲書（1955）p.28
㉞同上書 p.30
㉟舞踊詩の着想は山田が受けたリトミックからの刺激と，石井漠との協力により成されたものであることは，前掲書注 10 の平沢が先行研究として詳細に纏めている。
㊱平沢信康（2006）前掲書 pp.18
㊲石井漠『舞踊表現と基本指導』啓文館（1951）
㊳石井漠「私の舞踊論」『おどるばか』産業経済新聞社（1955）pp.154-210
㊴石井漠『舞踊の本質と其創作法』人文會出版部（1927）p.2
㊵石井漠（1943）前掲書 pp.17-18
㊶石井漠，前掲書（1927）
㊷石井漠，前掲書（1951）p.42
㊸同上書 p.49
㊹石井漠，前掲書（1943）p.18
㊺エミール・ジャック・ダルクローズ著，板野平監修，山本昌男訳『リズムと音楽と教育』全音楽譜出版社（2003）p.149
㊻フランク・マルタン他著，板野平訳『作曲家・リトミック創始者　エミール・ジャック＝ダルクローズ』全音楽譜出版社（1977）写真⑧「六月祭の場面」
㊼石井漠，前掲書（1955）p.196
㊽石井漠，前掲書（1927）p.194
㊾同上書 pp.236-238
㊿ E.J. ダルクローズ著，板野平訳『リズム運動』全音楽譜出版社（1970）p.108
(51)石井漠『舞踊表現と基本指導』啓文館（1951）pp.31-32
(52)同上書 pp.11-12
(53)同上書 p.33
(54)松本克平『日本新劇史』筑摩書房（1966）p.551
(55)石井漠，前掲書（1951）p.33
(56)同上書 p.11
(57)同上書 p.31
(58)同上書 p.33
(59)同上書
(60)同上書 p.31
(61)石井漠『舞踊の本質と其創作法』人文會出版部（1927）
(62)同上書 p.16
(63)石井漠，前掲書（1951）p.14

第5章
日本の音楽教育へのリトミック導入に関わった人物

　当初リトミックは，ジャック＝ダルクローズによって音楽教育の方法として創案された。ヘレラウではリトミックは舞踊や演劇と結びつき，その教育的効果やパフォーマンスによる名声は遠く日本にも響き渡った。我が国からは伊藤道郎，山田耕筰，斉藤桂三らがヘレラウを訪れており，山名（2006）は，彼らを通じてヘレラウの文化が日本のモダニズム形成に影響を与えたと評価している[①]。2章で触れた白井規矩郎が渡欧してリトミックを直接目にしたという資料は今のところ見当たらないが，白井はその語学力を生かし，リトミックの原著にあたっている。また，3章において取り上げた倉橋惣三は，同時代にパリから帰国した小林宗作や，諸外国のナースリールームでのリトミック実践を見学した宇佐美らの報告を受けている。小林が世に紹介したリズムに関する著作も目にしていたことが彼のリトミック観を深めたといえる。4章で取り上げた石井漠は，自らの舞踊の理念にジャック＝ダルクローズのリズム教育観から大きく影響を受けた。ジャック＝ダルクローズ研究家のクレル＝リズ・デュトワ＝カルリエは，「劇，音楽，表現，感覚，演奏，それらすべてを一つにまとめることはできないのだろうか。彼の一生は，それが可能だということを，私たちに証明するためにささげられることになるだろう」[②]と述べている。この言葉が表しているように，リトミックは音楽教育から始まったメソードではあるが，音楽表現に関わる分野のみならず，身体表現，心理学，教育哲学などの幅広い分野をも包括した，特色のある教育法として，現在，我が国においても多くの分野で活用されている。

　日本のリトミックの黎明期は，白井，倉橋，石井らのそれぞれの取り組み

によって形づくられていった。その後リトミックは，我が国においてどのように浸透していったのか。その後進として名が挙げられるのは，小林宗作，天野蝶，板野平である。

本章では，日本へのリトミック史上，黎明期から導入期にかけて大きな足跡を残したこの3者の取り組みを紹介する。1では小林宗作，2では天野蝶，3では板野平のそれぞれのリトミック導入の経緯について，また彼らの述べた方法論や音楽教育観などの観点から検討していく。

1　小林宗作の果たした役割とその背景

①　小林宗作によるリトミック導入の経緯

小林宗作は東京市小学校訓導を経て1916（大正5）年から1年間，東京音楽学校（東京藝術大学の前身）乙種師範科にて学び，その後再び東京府小学校訓導，東京市小学校訓導，成蹊学園小学部訓導として音楽教育に携わった。小林は近年まで日本の音楽教育へのリトミック導入の第一人者と捉えられており，彼のリズム教育の活動は我が国の音楽教育に大きな影響を与えたといえる。小林はどのような経緯でリトミックを知り得たのか，彼の著作から探ることができる。小林は第1回目の渡欧に至った心境を「私のなやみ／（中略）何故音樂だけがいつまでも，ポッポッポー……ハイッ／ドレミファアー……ハイをやつてゐるのか。／（中略）どうなるか見透しの付かない事であるが故に，目的をあいまいにして日本を發つた」[3]と綴っている。ここからは，小林が当時の音楽活動や授業の方法に何らかの不十分さを感じ取っていたことが判る。

一方，この時期，小林は我が子が一日中何かを口ずさみながら自然に身体を調子に合わせて動かし楽しんで様子を目にしている[4]。後に小林が報告したリトミックについて，幼児教育研究者の倉橋惣三が着目したことを鑑みて

も，幼児期の自由な表現の発露に対する小林の気づきがあったことは，リトミックの教育的効果を検討することにも繋がった一要因であったとも考えられ，興味深い記述である。小林が当時の音楽教育に疑問をもち始めた頃，三菱財閥の岩崎小弥太男爵（1879-1945）から海外留学資金を受けることとなり，1923（大正12）年6月に渡欧した。

　その数年前，1919（大正8）年にアメリカの教育学者デューイ（Dewey, J. 1859-1952）は日本での講演のため招聘されている。デューイは来日してすぐに新渡戸稲造宅に旅装を解き，文部省の訳出の『学校と社会』が各地でどの程度まで実現し得るかを見聞して歩いた[5]。このようなことからも日本の教育現場に新たな教育が求められていたことが判る。新しい自由な教育を希求する当時の風潮が，小林に音楽教育の方法について疑問を抱かせることにもなったとも考えられる。しかし，その疑問への解答は，彼の周辺に見出すことはできず，小林は漠然とした悩みを抱えたまま渡欧したのである。何から学ぶべきか，先ずその目的を明確にすることが小林の課題であった。

　先述のデューイが懇意にしていた新渡戸稲造（1862-1933）は，小林が渡欧した1923（大正12）年はジュネーヴの地で国際連盟事務次長の任にあった。小林は何を学ぶべきかという大きな不安を抱えて渡欧した。「大正十二年の七月，ジュネーヴで新渡戸博士にすゝめられて始めてリトミックを知った」[6]という小林の記述を基にすれば，リトミックとの出会いには新渡戸が大きく関わっていたということである。その2か月後，1923（大正12）年9月1日は日本において関東大震災が起こった。「関東大震災が起こり，その知らせを受けて8か月後に帰国した祖父に初めて抱き上げられ頬ずりされて，ひげ跡が痛いなあと感じたことが今でもまざまざと思いだされます。4歳の時のことでした」[7]と新渡戸の令孫，武子氏（1920 －）は回想している。新渡戸は国際連盟の仕事をやりくりして日本に一時帰国し，孫の武子と誠をジュネーヴへ移すことにしたのである [写真1]。祖父と祖母メリー（Mary. P. E. Nitobe）と一緒に暮らすこととなった武子氏（当時5歳）と兄の誠（当

［写真1］ レマン湖
レマン湖のほとりにあった新渡戸稲造宅は「レザマンドリエ（アーモンドの木）」と呼ばれていた。幼少期の加藤武子もこの地で過ごした。

時7歳）は，ジュネーヴのジャック＝ダルクローズ学院でリトミックを習った。武子氏によると，孫達のことは全て新渡戸と妻メリーが話し合って決めていたという。当時既にヘレラウでの成功を収め，ジュネーヴに戻って活躍していたジャック＝ダルクローズの名声は広く知られており，リトミックの評価は，スイス，ドイツ，アメリカにおいて高く評価されていた。ジュネーヴにいた新渡戸がリトミックを知っていたのは自然なことであったと言える。新渡戸はより良い音楽教育を求めてヨーロッパに足を踏み入れた小林にリトミックを紹介し，さらにジュネーヴに住むこととなった孫達にもリトミックを学ばせたのである。小林は「リトミックーとは現代欧米に於いて最も勝れた藝術教育者として知られている（有名なること實に想像以上である）ダルクローツ氏(ママ)の草案せるもの」[8]と，リトミックを知った時分に，この教育法が世界に広く知られている状況であったことを記している。

小林と新渡戸の縁は，その後も続いた。小林は帰国後，成城学園でリトミックを教えていた。新渡戸は小林のいる成城学園へ武子氏を連れて行き，成城

学園に通う手筈を整えたのである。武子氏はこの話を進めたのは祖母メリーではなく，祖父である新渡戸であり，祖父が学園に直接話をしに行った，と語っている。このことから小林がジュネーヴでリトミックを学び帰国したことを新渡戸が評価していたと言える。小林自身も新渡戸から紹介されたリトミックを日本に紹介することの意義を見出し，成城学園での教育活動に積極的に取り入れていったのではないかと思われる。ここに小林と新渡戸との接点を見ることができるのである。

筆者は武子氏への電話での聞き取りの際に，「小林先生は成城学園でお目にかかると，遠くから『ニトちゃ～ん！』と呼んで手を振って下さるのです。時々，石井先生ともご一緒に歩いていらっしゃいました」という，成城学園での微笑ましいエピソードも伺うことができた。ジュネーヴではジャック＝ダルクローズに，また日本では小林からリトミックを習い，さらに石井漠とも講師と生徒という間柄であった武子氏は，我が国のリトミック導入史上，実に稀有な存在であるといえよう。[9]

筆者はさらに小林の教え子，齋藤道子氏への聞き取りの機会を得た。齋藤氏はトモエ学園において小林の当初からの教え子である奥寿儀と共に，幼稚園児のリトミック指導を担っていた人物である。齋藤氏からは教え子という立場からの話を伺うことができた。以下に紹介する。

　　小林宗作先生の最初のお弟子さんは，奥寿儀先生でした。小林先生は昭和17年に，リトミックが出来る幼稚園の先生を育てたい，子どものためにどうやってリトミックを活かすのかがわかる先生を育てたい，と東京市と折衝して保母養成所を作ったのです。3月10日の空襲でモエ学園の小学校も幼稚園も，保母養成所も焼けてしまいました。戦後，昭和21年頃に幼稚園と保母養成所は復活しましたが，小学校は出来ませんでした。自分は自由が丘に映画館が復活して，アメリカのミュージカルを見に行った際に保母養成所のポスターを見て，何が何でも，という

気持ちになって入りました。養成所は1年で終了でしたがトモエに残って，奥先生の幼稚園児の指導を体験しました。トモエの先生をした方々が，今でも続けていらっしゃいます。／小林先生は，小学校の音楽，日本の音楽教育はつまらない，全身，身体の感覚を使ってリズムを体験することは大切で，頭だけでも身体だけでもしょうがない，感性の良い子ども，リズムの良い子ども達を育てようとお話なさっていました。／小原國芳は…神戸の港で小林先生を出迎えたそうです。全人教育，人間としての基礎作りは中，小，幼の時代に必要で，大きくなってからでは間に合わない。新教育運動にリトミックを取り入れようと声をかけたのだそうです。それで成城学園でとり入れられました。自由が丘学園が閉校して，小林先生はその跡地に学校を作って小学校と幼稚園をはじめたのです。それがトモエ学園です。／10年ほど前に，舞踊界の重鎮でダンスセラピーをなさっている芙二三枝子さんと，日本舞踊，現代舞踊の方々とジュネーヴのダルクローズの学校に行きました。その時の校長先生に「小林宗作の名がありますか」と尋ねましたら「小林の名前は無いが，板野平の名はある」と言われました。小林先生は芙二三枝子さんが17歳の時にリトミックを勧めていました。ジュネーヴへリトミックを見に行ったとき，まるで体操の様でした。／日常のことはリトミックをやっていると大概片付いてしまう。小林先生は「基本が出来ていれば，お茶のお点前の方法のように身のこなしや腕の流れをどうすればよいかすぐ分かる」とよくお話していらっしゃいました。[10]

　上記は聞き取ったままを記したものである。本章で触れる小林，天野，板野の3者は既に鬼籍に入っており，彼らの初期の教え子の年齢層は現在70代以上となっている。リトミックの歴史を概観する上で，教え子からの聞き取りは急務であると言えよう。齋藤氏からは，日本の教育界を風靡した自由教育，全人教育の一端としてリトミックが着目されていたこと，小林が幼児

教育の重要性を感じてリトミック教育のできる幼児教育者を養成しようと考えたこと，舞踊へもリトミックを活用することが出来ると考えていたこと，リトミック教育に関わる同国人の板野平の名をジュネーヴで耳にしてきたこと等，興味深い話を伺うことができた。

小林はパリのダルクローズ学校の関係者によるサイン（1930年6月14日付）が入った証書[11]を日本に持ち帰ってきている。小林はリトミックの講師をダルクローズ学校から日本へ派遣する手続きを行おうとしていたが，その後諸般の事情でこの計画は実現しなかった。小林はリトミック教育者を養成し，さらにはダルクローズ学校から講師を招く計画を立てるなど，積極的にリトミックを日本に紹介しようと考えていた。これは小林がジャック＝ダルクローズの教育理念に強く共感していたことの表れである。

②　小林宗作の音楽教育観

小林は日本の音楽教育に必要なものは何であるのか，2度に亘るリトミック留学で自身の音楽教育の理念の核たるものを見出し，著作としてまとめている。ここでは「綜合リヅム教育概論」と「幼な児の爲のリズムと教育」から，小林の音楽教育観を，① リズム教育，② 心と身体の調和，③ 感受性の育成，④ 人格を高める，の4点に着目して分類した。

①　リズム教育

小林はリトミックで学んだ内容と日本の音楽教育の現状とを照らし合わせ，その不完全さを埋めるためにはリズムを学ぶことが最も重要であると考えた。彼の論文中リズムの重要性を説いた箇所は多数あるが，特にその中でも注目すべき部分を取り上げる。「私は幼児教育の凡ゆる問題中，リズム教育は最も重要とすべきものと確信する。私は我が田に水を引く者ではない。元より私はリトミックを専門とするものではないのである。重要と信ずるが故にこそ研究を重ねてきたのである」[12]という文章に見られるように，小林

はジャック＝ダルクローズがリズムの重要性を述べているという言葉を単に引用するのではなく，自身がリズムの重要性を確信したところから述べているものだ，と強調している。

② 心と身体の調和

小林は1939（昭和14）年にトモエ学園を開校し，校長として子どもたちの教育にあたった。教育現場でも未来を担う子どもを積極的に教育する必要性を感じていたであろう。

「人間の體はすばらしく精巧な機械組織です，心はその運転手です」[13]，「リトミックは體の機械組織を更に精巧にする爲の遊戯です。リトミックは心に運轉術を教へる遊戯です」[14]という，リトミックをすることによって子どもは心の運転手になれるという解説は，音楽教育の専門家のみならず保育者へのアピールも視野に入れた言葉と捉えられる。

小林の著書の中には，音楽教育の専門家以外の人々を対象に，「遊戯」や「体操」に置き換えてリトミックの解説をしている箇所が複数見られる。これはリトミックを遍く伝えたいという小林の情熱の表れでもあろう。「ピアノの演奏や舞踊，絵や書等が下手だといふことは，即ち體が思ふ様にならないか，或は心に理解がないといふことです」[15]とあるように，小林はリトミックで身体の神経組織に働きかけることにより，日々の出来事に柔軟に対応できる子どもを育てたいと考えていた。そのために小林はジャック＝ダルクローズの「最小限の努力で最大限の効果を獲得」[16]という言葉を複数の著作において多用している。

以下はその一例である。「先づ天分開発を企て，而して藝術的修養に依つて科學の進歩をうながし，リズム的教養に依つて身心（ママ）の調和と発達を企て，最小努力を以って最大効果をもたらし，生活を頽廢より救ひ，人生と自然との同和をもたらすものである」[17]

リズム教育によって人間的な発達を総合的に伸ばしていくことを小林は日

的として挙げており，ジャック＝ダルクローズの記述にも見ることができる。小林が述べる心と身体の調和は，リトミックの理念と一致する部分である。

③ 感受性の育成

小林は音楽教育で子どもの感受性を養うことの重要性も述べている。「世に恐るべきものは，目あれども美を知らず，耳あれども樂を聽かず，心あれ共眞を解せず，感激せざれば燃えもせず……の類である」[18]，「先づ子供達にプリズムを與へよ，嘗ては見ることの出來なかつた，嘗ては知ることの出來なかった世界を見ることが出来よう，知ることが出来よう。／幼年時代の感覚的興味はプリズムを通し，リズムの媒介に依つて，知的興味へと移行され，益々展開させるであろう」[19]とあるように，小林は子どもたちが多面的に捉えた物事を多岐に分析する力を養うためにリズム教育が必要であることを述べた。2章で触れた幼児教育者倉橋惣三は，特にリトミックと感性（ここでは感受性と同義と捉える）の関係性に着目していた。小林のリズム教育観の中心に感受性の育成が据えられていたことは，少なからずも倉橋のリトミック理解を深める要因の一つになったとも考えられる。

④ 人格を高める

音楽を聴き取って身体を動かすことによって，子どもの「人格的個性の発達」[20]に寄与する，というジャック＝ダルクローズの教育理念に近い考えを述べている部分もある。「総合リズム教育は……（中略）且つ天分を改造し，リズミカルな性格を作るものである。（中略）リトミックが個性を發揚し人格を高め，人と人とを協和せしめ，社會を高め一層深化せる文化社會をもたらすであらう」[21]ここに見られるように，子どもの健全な心と身体を育成することが小林自身の教育理念の実現でもあり，音楽教育が果たすべき最も重要な役割であると考えたのである。

③　小林宗作の果たしたリトミック導入における役割

　小林宗作は 1923 年と 1930 年の 2 度に亘る渡欧の機会に，リトミックの他にもいくつかの教育法を見聞している。帰国後には学びの成果を教育実践に活用し，その後の研究と合わせて論文や翻訳，さらに講習会のテキストなどとして著した。その中でも「綜合リヅム教育概論」[22]は小林の理念を著している重要な論文と位置づけられよう。「綜合リヅム教育概論」の内容には，ジャック＝ダルクローズのリトミックの原理が挿入されている。「綜合リヅム教育概論」に見る内容はリトミック単独を扱うものではなく，「ダルクローヴ法」，「ボーデーのリズム体操」，「ルツシー氏のリヅムの起元（ママ）」，「デュデイン氏のリヅムの變形法」等，複数の方法が彼の提唱とする綜合リヅム教育の一部として紹介されている。小林の綜合リヅム教育について，小林恵子（1978）は「彼がリトミックの精神を児童教育に導入し，実際にやってみた結果提唱された言葉である」[23]と解説している。『綜合リヅム教育論』の序文で小林は「五官はそれぞれ何等かの條件に依つては何等かの共感的作用があり得る」[24]と述べている。ジャック＝ダルクローズが内省的な諸感覚について述べている文を以下に記す。

> 　感覚，情感，知性の全てにわたる喜びの永続的な状態を保ち続けることは，必ず子どもの想像力や藝術的資質を発揮しやすくなる。なぜなら，美に対する感動は，感覚の繊細さ，神経組織の感受力，精神の柔軟性の賜物だからである。（中略）芸術は，空想，内省，情感が一つになって生み出される。内省は，空想を鎮め，姿形を与える。空想は，姿形に活力，生命力を与え，情感は，感覚，内省，創造の産物を気高いものに高め，感じ取りやすくする。[25]

　ここに見られるように，ジャック＝ダルクローズはリトミックが音楽能力

のみならず，様々な内省的感覚に影響を与えると述べている。そして，この後には以下の文章が記されている。

> 絵画芸術，建築芸術，彫刻芸術に関しては，線，色彩，光と影，浮き彫り，群像化といった表現法を教える学校があるだけでは十分ではない。その上さらに，その学校の生徒たちは，自分の存在全体の中に，立ったり，座ったり，均衡を保ったり，調和をとったり，彫刻家，建築家，画家等の記念碑や作品に生命を吹き込む，リズミカルな動きの感じ取り方を学ばなければならない。[26]

　小林は音（ピアノ・聲），言葉，型（身振り・型・線），色彩等に適応しうるものが「綜合リズム教育」であると提唱している。これらがジャック＝ダルクローズのリトミックの理念で述べられている事項に極めて近似のものであることが判る。また，「リズム(リトミック)に依る教育について」の章では，表記の様に「リズム」の上に「リトミック」とルビが降られ，リズム教育とリトミックは同義のものである，と解釈した小林の考えを見ることが出来る。「ダルクローズ式リズム體操」は，ジャック＝ダルクローズによる論文集『リズムと音楽と教育』の序文，5章の論文「リトミック，ソルフェージュ，即興演奏」の一部を小林が訳出したものである。この訳文は小林が提唱した「綜合リズム教育」と極めて近似の内容である。小林はオリジナルな教育論を構築していこうと考えていたとも思われる。しかしながら，ジャック＝ダルクローズ周辺のリズム論や教育論を検討しつつ，リトミック研究を追求していく過程において，結果的に小林自身のリズム教育の理念がジャック＝ダルクローズの述べるリトミックの理念に回帰していったことが読み取れる。小林は自らの音楽理念を検討したことはリトミックの「再確認」であったともいえる。

　小林が我が国のリトミック導入で果たした役割は，音楽教育としてリトミックを我が国に紹介したことである。ジャック＝ダルクローズの言葉を自

らの言葉に置換えながらも，我が国に紹介することにより，リズム教育の重要さを説いたことである。また，小林が亡き後もリトミックの紹介者として後世に影響を与えていることもここに言及したい。多才な社会活動で有名な黒柳徹子の自叙伝『窓際のトットちゃん』の「トモエ学園の校長先生」として紹介されたこと，一方，多彩な芸能活動で注目されている美輪明宏[27]も小林の教え子であったことなどから，昭和50年以降のリトミック・ブームの一役を担ったことも，「リトミックの紹介者」たる小林の果たした役割といえる。

2　天野蝶の果たした役割とその背景

　本節では，日本へのリトミック導入に関わる人物の中から，パリのダルクローズ学校（Ecole du Luxembourg de Paris）で1931年から1年間リトミックを学び帰国した天野蝶（1891‑1979）に着目する。天野は当時の日本の体育教育の現状に合わせて，ジャック＝ダルクローズのリトミックをもとに「天野式リトミック」を案出した。日本のリトミック受容に関わり，普及を果たした人物の一人として，天野の果たした役割は大きい。

①　天野蝶によるリトミック導入の経緯

　天野が教員として在職していた小，中，高等学校，短期大学，大学等では，体育の授業または独自のリトミックの授業として，その教育内容が実践された。天野が宮津尋常高等小学校の訓導になったのは1910（明治43）年である。天野は「外国からフォークダンス，体育ダンスの先生が来日，青年会館で講習がある毎に受講した」[28]と述べている。天野はダンスを活かした遊戯の指導に熱心であった。体育の視察官にダンスの指導法を褒められたことがきっかけとなり，体育教師となった天野であるが，その本心は「音楽教育家になる夢をすてず，ピアノ，声楽，和声学に精進していた」[29]であったと

いう記述がある。天野は音楽での文部省師範学校中学校高等女学校教員検定試験（通称：文検）の合格を目指すため，東京音楽学校（現在の東京藝術大学）の教授らのレッスンを受けるために職を辞して上京した。しかし音楽での文検合格は果たせず，その後しばらく天野は戸倉ハル（1896-1968）の伴奏者として講習会に同行する。天野が「三十九才迄の私は講習で修業したダンスに，時々自分の創作を加えて体育指導のバックボーンにした」[30]と述べている。戸倉の遊戯講習での学びは，後の天野の音楽と動きに関する基礎ともなった。しかし，天野には音楽教師になりたいという希望が叶わなかったという失望感があった。以下は雑誌に記された天野のリトミック留学の動機である。

> 「三十を過ぎての音楽はダメなのか」―三十七年来の希望を打ちくだかれた天野さんは「約三年間悩みつづけた」そうだ。（中略）深尾須磨子の誘い＊＊＊せんべつなどを合わせて約五千円をつくった。／このパリで学んだのが，ダルクローズ（音楽家）のリトミックである。府立第一高女（検定合格）時代からやってきた体操と音楽を生かしたかったのが，その動機だった。[31]

記録にあるように，天野は親交のあった深尾須磨子の誘いを受けたことが留学のきっかけであることが判る。パリに渡る前に天野が留学前に国内で見学したリトミックは，演劇関係者によるものであった。歌舞伎俳優の二代目・市川左団次（1880-1940），新劇人・小山内薫（1881-1928），作曲家・山田耕筰（1886-1965），舞踊家・石井漠（1886-1962），舞踊家・伊藤道郎（1893-1961），また，新渡戸の孫・加藤武子，広島の音楽教師・太田司朗（1904-1989），小林宗作らが既にリトミックを何らかの形で見聞，もしくは学び，実践，教育に取り組んでいたが，当時の情報から「当時日本でリトミックを学んだのは天野さんが二人目」[32]とされていた。一人目と解

釈されているのは小林宗作であった。天野がリトミックを学びにパリへ渡ったのは1931（昭和6）年5月である。

天野はパリでの1週間の時間割を表にして手記に残している[33]。

午前		
Dim		
Sam		
Ven	10 － 11（ソルフェージ）	
Jeu	10 － 11（同上）	11 － 12（楽譜）
Mer	9 － 10（テクニック）	10 － 11（ソルフェージ）
Mar		
Lundi		
午後		
	5 － 6 ｜ 6 － 7	
2 － 3（佛）｜	6 － 7（楽譜）	
	5 － 6 ｜ 6 － 7	
2.5 － 3.5（フリュート）	4 － 6（楽譜）	
	4.5 － 5.5（佛）	

佛語→ mardi（2時間） jeudi（4時） vendredi（2時間）

表の下にもフランス語のレッスンの時間が記されている。別の手記には「ダルクローズのリトミック学校 リトミック，テクニック，プラステック（ママ），音楽，ソルフェージ，ハーモニー，アンプロビザション，ノタンション（音楽）の七課目を修業」と記されており，表中の（楽譜）の箇所ここに示された7課目の内の何れかが入ると思われる。

天野がパリへ行く2年前の1930（昭和5）年には小林が2回目の留学でパリのダルクローズ学校を訪れていた。小林が帰朝したのは天野がパリへ渡る4カ月前，1931年1月のことである。当時の天野の周囲においてはリトミックの情報は小林に関する事が中心であったとも思われる。筆者は小林の教え子，斉藤道子氏に聴き取りの機会を得た際，天野に関するエピソードも

第 5 章　日本の音楽教育へのリトミック導入に関わった人物　　109

伺うことができた。

> 　天野先生は留学前に，パリへリトミックを学びに行きたいのですが…と小林先生のところに相談に見えたのです。数年後，自分たちも「天野式」とはどういうものか知らなくてはいけない，との事で，日体の夏の講習に参加しました。私達は（リトミックはピアノのリズムに合わせて動く）と思っていましたが，天野先生は「私はピアノは弾けないし，それを生徒に要求してもいけないからタイコでやります」とおっしゃっていました。しかし，太鼓の音は強弱，速度の変化はあるが，音の高低が無い。私達は小林先生からいつも「いい音，美しい音を出しなさい」と言われていましたが，天野先生のお弟子さんがピアノをバンバンと弾いていて，それについては天野先生は「天野式ですから」と…まさに体育のためのリトミックだったのです。[34]

　齋藤氏によると，天野は留学前に小林に相談をし，天野が帰朝後，小林の教え子らが見学に訪れている。両者がリトミックを学んだ年代が近いこともあり，お互いにその存在，教育方法，内容についても興味，関心を持っていたと思われる。天野は音楽の教師を目指し，ピアノも専門的に習っていたことからすると「私はピアノは弾けない」とは，小林を前にしての謙遜であったとも思われる。当時天野は体育学生を対象としたリトミック教育の在り方を模索しており，「天野式リトミック」と銘打って，リトミックをアレンジしたリズム教育を行ったのであろう。その様子から齋藤が「体育のためのリトミック」という感想を持ち得たのは自然なことと思われる。日本におけるリトミックは黎明期から導入期へと流れを進め，音楽家，舞台関係者，舞踊家，音楽教育，体育教育の関係者へとその関心は広まっていったのである。

② 天野蝶の音楽教育観

　パリへのリトミック留学後，天野は体育授業にリトミックを取り入れるため，教材として「天野式テクニック・リトミック」を案出する。天野が教育対象とした学生は体育教師を目指しており，音楽教育法であるリトミックをそのまま授業に活用することが困難であったことは，先に紹介した齋藤の聞き取りの内容からも容易に推察できる。「リトミックをピアノ即興法で指導することは現在の小中高の指導者には望めない」[35]，「リトミックの表現技術を体育化しないかぎり，客観的に見るものを感心させる美しさがない。ただ音楽のリズムを手と足で表現すればよいと言う音楽家中心のリトミックではやがて衰微するであろう」[36]という記述がある。

　天野自身はピアノの即興法を使用した方法が，リトミックの教育的効果をあげられることを十分理解していた。「天野式リトミック」の方法にピアノ即興法を入れなかった理由は，ピアノ即興法があることによって，体育教育の中でリトミックが実践されないままになることを避けるためであったと思われる。体育教育の領域にリトミックの普及を目指すため，ピアノ即興の代わりに「天野式タイコ」を使用する方法を考えた。これはリトミック普及を第一の目的とする，という苦渋の選択ではなかったかとも思われる。天野はリトミックの教育内容からピアノ即興法を削除し，さらにリトミックの表現技術を視覚的にも運動的にも体育の技術と接近させることにより，体育ダンスの教材としてリトミックを活用することを目的とした。

　一方の『幼児リトミック（天野式）』には，「其の目的は同じでも幼児の指導は音楽を主導力としなければならぬ。（中略）やっと四年前に一般指導者の為にカデンツ応用のピアノ即興法を創案」[37]という記述がある。天野は体育の基本訓練に太鼓を使用した方法を幼稚園や小学校低学年で行ったが，ピアノ即興を使用しなければ効果をあげ得ないという課題に突き当たる。幼児リトミック（天野式）は，ピアノによる指導の必要性を感じたことから，『天

野式テクニック・リトミック』と比較するとジャック＝ダルクローズのリトミックに接近したものと考えられる。帰国後，体育教師としてリトミックを活用した天野であったが，最終的は幼児教育においてもリトミックを指導することになり，天野は「三才－六才のもっともリズム能力伸展の時に，すべての表現技術の基礎となる基本（リトミック）を授けながら（中略）リズムをつくることの出来る心身を養成したい」[38]と考え，「幼児リトミック（天野式）」の目標を，「感じたこと考えたことが適切に表現できる」[39]子どもを育成すること，としたのである。これは正にジャック＝ダルクローズのリズム教育観と一致するものであった。以下に，天野が日本女子体育短期大学教授時代に記した原稿[40]の一部を紹介する。なお，判読不能の部分は＊で記した。

生き甲斐ある一生を送るための
天野式　リトミック

日本女子体育短大教授

天　野　蝶

　まもなく満八十歳になる私は，視力に歯に物慾に確かに老境を痛感しながら，心身の働きに於て，生活力に於ては，はるかに三十代四十代よりも能率的でしかも疲労が少ない。終日幼稚園及び大学又は指導者講習でリトミック，テクニック，リズム遊戯，体育ダンスを指導し，夜は十二時一時まで各種の仕事をつづけてもねむ気もなく少しの疲れも感じない「バケ者」と時々友人知人にいわれるが，私自身も不思議に思う。しかしつくづく考えてみると此バケ者的新進は四十年前巴里に留学帰朝後三十九年此道を根気よく歩きつづけたことによることはたしかではあるが，リズム教育の一般論から考えてみると79年間の全生活の賜であることを痛感する。
　先づ第一に料理が格別に上手であった母の細胞をめぐまれ且つ遊芸の

さかんであった丹後の宮津に生まれた。四才から日本舞踊つづいて三味線，琴を学び，女子師範学校（今の学芸大学）時代は明治の末期でフォークダンス，スクエヤーダンスの全盛期で学科のなかでは音楽が得意であった。一九才から二十七才迄の小学校教師時代は体育ダンスと唱歌教授の就業と指導に熱中した。そして体育の文献を受験，合格後の十年間は女学校（今の中学高校）に勤務のかたわら音楽文検をめざして声楽，ピアノ，和声学をそれぞれ専門の先生について一生懸命に学んだ。此目的は達せられなかったが，今日の私の心身づくりの大きな基礎となり力となったことは確かである。以上39年間の私の生涯歴史なくして四十才でリトミック，舞踊基本を学んでもおそらく今日の私は出来なかったであろう。

◎ダルクローズのリトミック

　四十年前巴里のルクサンブルグ公園の前にあったダルクローズのリトミックの学校に入学して音楽の身体的表現の三科目「リトミック，テクニック，プラスティック（造形）」と音楽体得の為に「ソルフェージ，ノタション（聴音），アンプロビザション（即興奏法）の三課目を学んだ。前者は体育教師であり十年間音楽を学んだ私にとってはさほど困難を感じなかったが，音楽体得の三課目は手も足も出なかった。宿題を（拍子の変奏，和音進行，長短変奏等一）ペーパーで解答すれば正しく出来るが，ピアノで即興的に表現できない，いつも先生に不思議な人だといわれた。此即興奏法がダルクローズのリトミック指導に最も必要な能力である。アパートでピアノをかりて一生懸命に勉強したが単純な即興奏法以外はなかなか困難であった。(中略)意志の強固，今期の持続がリトミックの修業だけでなく全リズム教育はもとより全生活を純粋化，芸術化しそして生き甲斐ある一生（今日より明日とのびてゆく）を送るために最

> も必要なものであることは云うまでもない。ところがリズムと意志の関係が一般人はもとより教育者にも理解されていない。私は二十年間各地の各団体（PTA, 婦人会, 指導者, ロータリークラブ, 老人クラブ）に「生活とリズム」又は「生き甲斐ある一生とは」の演題のもとに一時間から二時間来の講演をした時私の此の質問に答える人は皆無であった。
>
> 　宇宙，自然，生涯，あらゆる物理現象，芸術，芸能の他にどこにリズムがありますか。私はほんとうになさけなく思った。つまり「心象（感情，意志）」がリズムを基礎としていることが一般に理解されていない。感情の問題はさておき「リズムの悪いものは意志が弱い根気がない」ことがわかっていない。現在学校及び一般社会に於けるリズム教育（音楽，体育ダンス，遊戯，図工，其他あらゆる芸術芸能技術）が単に其技術の巧拙と趣味的傳達に終始され，意志の強化，根気の永続性に密接な関係のあることが重要視されていない。天野式テクニック，リトミックは其＊材の形成に，学び方に，指導法に意志の強化を根気の永続を教養することを第一の主眼として創案したものである。

この原稿からは，天野の幼少期，留学期，そして現在に至るまでの様子が綴られており，天野のリズム教育観がどのように形成されていったかを窺い知ることができる。天野がリトミック教育の目標にしたのは体育や演奏の技術の向上ではなく，リズム教育によって「意志の強化」，「根気の永続」を成すことである，と重ねて述べている。天野はリズム教育によって，精神の陶冶を目指したのである。この教育理念はジャック＝ダルクローズの理念と一致するものである。

③　天野蝶の果たしたリトミック導入における役割

　天野のリトミック教育の活動については，本人による記録がいくつか残されている。小林宗作も板野平も各地で公演を行っているが，本人の講習を自ら継続的に記録した手記は数多くは残されていないと思われる。

　天野がリトミック留学を終えて帰国した1930年代当時の日本では，音楽の専門家や教育者以外でオルガンやピアノ等の鍵盤楽器の演奏経験を持つものは多くはない状況にあった。天野は昭和7年より，積極的に講習を引き受けている。その様子を記録した資料から抜粋する。判読不明の文字は＊で記した。

年	場所　主催	備　考
昭和7年	滝の川小学校	
昭和8年	京都市	母危篤の電あり
同上	＊岡女師三原女師	8月1日より2日間母の死も知らずに講習をつづけ，6日終了…（後略）
同上	京都府＊＊町	
同上		
同上		
昭和9年	＊岡女師	
同上9	＊＊小学校	
同上9	三原女師	
同上9	五日市（広島県）	
10年	＊＊小学校	共に九州にあそぶ
10年	三原女師	歓迎会で腹をこわすも温泉で一泊全快
10年	和歌山女師	京都で同級生を2名招待

　この様な形で，昭和7年，8年，9年，11年，12年，14年，15年と講習会記録が綴られている。15年以降の記録がなされていないのは大戦の影響であると思われる。この講習会記録が再開されるのは昭和21年からである。群馬，京都，桐生，大阪という地名が記されている。昭和24年の記録には「戦後はじめて夏期の申込み多く喜びの頂上（8月25日）目白学習院の前の下水に（街燈なし）片足を踏み込み」という失敗談も見られる。天野

第 5 章　日本の音楽教育へのリトミック導入に関わった人物　　115

は講習の記録を 1 件ずつ書き残している。その中の一例を抜粋する。

```
京都市
回（8）
主催　体育指導者連盟
会場　二条中学
人員　500
講習要領
　大空高し　歓迎
　体のリズム　田園ポルカ　体の喜び　仲よしこよし　花ポルカ　つばめ
　アメチョコさん　鯉のぼり　おまつり　おつきさま　狸の腹つづみ
　ハッピーファーマー
伴奏　無名氏（コレハドイ）
助手
謝礼　5000　ヨーカン（750）
宿泊　○○氏　宅
備考　・・・
```

　上記の様な形式の記録が昭和 38 年まで続いている。教材は自作の「天野式リトミック」が使用されている。依頼したピアノ伴奏者がなかなか思うように弾いてくれなかったのであろう，体育関係者への普及の苦労が偲ばれるメモが残されている。天野の業績は記録にあるように，年に何十か所も講習に出向いて，全国に「天野式リトミック」の普及を成したことである。

　講習会の一方，天野は学校教育においてもリトミック教育に尽力した。天野が赴任した体育大学の授業でリトミックを活用するためには，体育教育の現状や体育学生の音楽学習経験の実態に合わせる必要があった。このような理由で天野によって案出されたのが「天野式リトミック」である。

　天野自身は日本女子体育短期大学教授，日本女子大学講師，貞静学園高等保育学校講師，東京成徳短期大学講師[41]を歴任し，体育や保育を専門に学ぶ学生への指導の傍ら，各地方の保育，幼児教育の現場からの依頼を受けて，

幼児を対象とするリトミックの講習を多数行った。

　天野の指導法は「天野式テクニック」,「幼児リトミック（天野式）」,「プラスティック」に分類される。その内容や対象者が異なることは天野の著書から判断することができるが，一般的にはこれらの天野の指導法は一括して「天野式」という略称で呼ばれている現状にある。天野が体育教師であったことや，「天野式」の実践当初はピアノ伴奏の代わりに「天野式リズム太鼓」を使用していたこと等の理由により，体育教育分野におけるリトミックの普及をなしたと捉えられている傾向にある。しかし，天野によるリトミックは，「音楽リズムの即時身体表現」,「音楽的時価の表現」,「拍の分割」などのジャック＝ダルクローズによる学習項目が学習内容に含まれており[42],「天野式」は体育の授業の中で活用された音楽教育であるとも言える。また，現在も天野による子どもの歌が幼児教育や保育の現場で，一日の活動の始まりや季節の合間等に歌われている子どもの歌が教材として複数残されていることなどを鑑みると，体育教育の分野のみならず音楽教育の分野への貢献度も大きいとも考えられる。

　さらに，特筆すべき天野の取り組みとしては，日本の女子教育の授業内においてリトミック教育を行った白井規玖郎の後任として，日本女子大学でリトミックを教えたという事である。この取り組みは，天野の教え子湯浅弘子氏によって現在も日本女子大学附属豊明小学校において継承されている[43]。その他にも私学の小学校，中学校，高等学校の授業内で「天野式」が活用されているところもあるが，学校教育と比較するとその多くは幼児教育，保育の現場で実践されている状況に有る。「天野式リトミック」を採用している園が多数存在すること，その実践者は全国各地に多いことから，「天野式」は幼児教育の現場へのリトミックの普及を成したことは明らかである。

3 板野平の果たした役割とその背景

　本節では戦後のリトミック導入に関わった板野平（イタノ ヤスシ：1928-2009）に着目する。板野によるリトミックの導入は，これまでに述べた白井，倉橋，石井，小林，天野らとは時期が若干異なり，第2次世界大戦の後になされたものである。小林や天野によって紹介されはじめたリトミック教育は第2次世界大戦後，一時縮小していた。大戦により小林のトモエ学園は焼失し，天野の教育活動は事実上休止状態でもあった。1945（昭和20）年に日本は終戦を迎えた。終戦を迎えるにあたり，広島の地は大きな犠牲を払う結果となった。板野によるリトミック導入の背景には，広島の牧師・谷本清（1909-1986）と音楽教師・太田司朗（1904-1989）が深く関係している。谷本は広島からアメリカへリトミック留学生を派遣するにあたっての経緯をアメリカ巡回講演日記に残していた。

① 板野平によるリトミック導入の経緯

　谷本は自らの被爆体験講演をアメリカにおいて何度も行っている広島流川教会の牧師であった。アメリカと広島の間で交わされたリトミック留学生派遣計画において，谷本が関わった詳細な経緯について，彼の日記に詳細が記録されていた。筆者は2010年5月8日と9日に広島市の谷本家を訪問し，谷本の家族であるチサ女史（妻女）と純女史（三女）から，谷本の巡回講演日記，スケジュール手帳，スクラップ帳等の閲覧と，調査の結果を発表する許可を得た。

　谷本は昭和20年代に3回アメリカで巡回講演を行っている。谷本がアメリカで巡回講演を行うに至る経緯には，アメリカのジャーナリスト，ジョン・ハーシー（John Hersey 1914-1993）の「ヒロシマ」が深く関わっている。彼は特派員として被爆の翌年，1940（昭和21）年5月に広島を訪れ，牧師

の谷本清，医師の佐々木輝文と藤井正和，事務員の佐々木とし子，主婦の中村初代，神父のウィルヘルム・クラインゾルゲら6人を取材した。ハーシーは6人から聴き取った被爆体験や当時の救護活動を克明に記した。原爆の恐ろしさを訴えたルポタージュ「ヒロシマ」を書きあげ，半年で世に出したのである。このルポタージュはアメリカの雑誌『ニューヨーカー』（The New Yorker）に当初4回に分け連載される予定であったが，編集部は雑誌ページ全てを「ヒロシマ」に割くという前代未聞の処置をとり，即日30万部を売り切るという大きな反響を呼んだ。ハーシーによる報道がきっかけとなり，谷本はアメリカのメゾジスト教会のミッション・ボードから招かれ，1948年9月から1950年1月までの15ヶ月間に亘った第1回巡回旅行は31州，256都市，472の教会その他の団体で講演は582回に及び，その聴衆は約16万名にのぼった。その中の第2回巡回講演旅行日記に，第1回巡回旅行の講演で知り合った女性が訪ねてきたことが記されている。

> Oct. 27（Fri）
> 　Mr. Cousins の secretary から電話連絡が入る。Miss. Clark は Colombia 大学で四人の日本から来た教育視察団に逢うから私にも来いというのである。訳がわからぬが広島から留学に来る学生のため scholarship をやるとのことである。（中略）帰ってみると二, 三日前に，連絡のあった虎竹氏（附属小学校主事）が同じ Sloane House へ泊っている事を知り，連絡取って話し合うことができた。Miss Clark は此の虎竹氏らと Teacher's College で逢ったのである。／ Miss Clark は（中略）「私は音楽の勉強したい人はスカラシップを差上げたい，と＊＊から推薦してくれ」と太田氏に連絡してきた人である。[44]

1950年の10月27日の日記にある Miss Clark とはユーレイナ・クラーク（Uraina Clark 生没年不明）のことである。彼女はコロンビア大学の音

楽の講師であり，ニューヨークにあるダルクローズ・スクール（Dalcroze School of Music）のピアノ教師でもあった。一方の視察団メンバーの一人，「虎竹氏」とは，ペスタロッチ関係の研究を手掛けた広島大学教育学部教授であった虎竹正之[45]である。クラークが虎竹と会ったのはコロンビア大学のティーチャーズ・カレッジ（Teachers College, Columbia University）である。彼女がペスタロッチ研究者の虎竹とコンタクトを取っていたことも興味深い。クラークが手紙を出した日本人とは，虎竹（当時は広島大学附属小学校指導主事）の同僚でもあり，広島大学師範学校で音楽の教授職にあった太田司朗である。太田は谷本が牧師を務める広島流川教会に通う信徒であった。板野平は広島大学師範学校で太田の教え子であり，音楽と英語の教員免許を持っていたことにより，留学生の候補者として声がかかったという。

後日，太田は音楽学校の校長シャスター[46]から手紙を受け取ったと話をしている。実際は谷本が提案した留学生派遣の計画にクラークが呼応する形で話が進んだとみられ，「音楽学校では各持受教師が自由に scholarship をだしうる」とあるように，谷本・クラーク・太田の間で留学生派遣の計画案がなされていった。

広島からのリトミック留学生として板野がアメリカへ派遣された経緯は，これまでは太田や板野によるオーラルヒストリー以外には確認ができない状態であった。今回，谷本の日記の記述から，その事実を明確にすることができ，クラークやカズンズ等，リトミック留学生派遣に関係した周辺の人物の名も確認することができた。広島とアメリカの平和を願う人々らは戦後の日本の教育の再建を願い，留学生派遣を為したのである。その留学生である板野は帰国後，国立音楽大学の教員となり，後進，学生の指導にあたり，広く日本にリトミックを普及することになる。"リトミックは音楽の諸能力を伸長するのみならず，人間教育をも目指すものである"というように，その原理の認識と実践の追求はなされている。音楽教育としての意義を持ち得ていることはもちろんであるが，一方，戦後のリトミック導入の経緯をという観

点からすれば，リトミックが戦後の平和に寄与する意味を持つものであったいうこともできるのである。

②　板野平の音楽教育観

　板野は大学での教育活動の他に，各地でのリトミック講習に招かれ，多くの講演を行っている。幼稚園の保護者を対象とした講演のビデオからの記録を記す。板野の教え子の世代交代も進んでいる現在，彼が実際にどのような内容の講演をしていたのか，その記録を留めておくことも必要であろう。講演であるため，板野が話した文章を極力修正しないよう口語調のまま記録した。

> ＜板野平教授　講演会＞
> 　…5～6年前から名古屋を中心にリトミックが大変盛んになって参りました。来年3月の名古屋で大きい発表会があるのですけれども，大変嬉しいことだと思います。今までの教育の在り方を，基本的にかなり違っている面もございますので，ぜひお父さんお母さんにその質問をしていただいて，今からお話させていただきたいと思います。先ほどお子さんが動かれたことがどういう意味があるのかということを織り交ぜながら話をしたいと思います。
> 　まず教育の話になるわけですけれども，人間は早く言えば，教育することによって読み，教育することだけによって，と申し上げてもいいと思いますが，読めることが出来る。すなわち教育をしなければ人間はそのような，読めないという事になりますね。したがって教育というのは大変重要なことですね。ですからその国の一つの発展が，唯一教育にかかっているのだといわれます。我が国は教育関係はどうも恵まれていない国だと思います。したがってこれ，家族単位ですね。皆様のご家族のお子さん方のより良い教育をですね，目指すという事がその一家の繁栄

にも関係するという事にもなるわけですね。

　過去に教育の目的をいろいろ伺ってきたと思います。ある時期には道徳的な事，原理的なことは，授業の影響もあってですね，そういう関係で長老を敬え，そして絶対服従すべき，そういう本質的なことが教育の中心であるというような考え方自体があったと思います。戦争中はまだ異質な教育もあったわけですね。現在はどうなっているかといいますと，教育的な言葉で言いますと，技術主義という言葉でも言いますけれど，すなわち知識を中心とした知識技術を身につけさせるということが教育であるというふうに考えられています。したがっていかに広く知識があり，知識技術的なものがあるのかということを意識して試験するということがあったんですね。

　リトミックはどういうことかと，少し違うのはですね（Direct Studyとホワイトボードに記しながら）まあ，今までの教育は，現在もそうですれど，ここに学ぶべきものがある。お子さんが直接的にそれを学んでいく。……現在求められている教育。どういう風な状態であろうとそれがあまり困らない。ようするに，直接的にこれを学ばそう。リトミックはちょっと違うわけですね。ここに学ぶべき事柄がある。そしてここにお子さんがいるんですね。そうすると，先ず我々教師がですね，いろいろな刺激をお子さんに与えることによって，お子さんを高めていく。許容するという言葉がありますね。いわゆる物事を受け止める力ですね。許容力というものは物事を咀嚼して，受け止めて，色々なことができる，そういう能力をまず高めていく。そしてその先にその行う事がある。例えば音楽，そういう許容力を高めるための最も有効な手段，それは音楽であり，動きです。音楽を使い，そして動きも使う。したがって，ただ単なる音楽の教育，歌が上手になる，楽器が上手になる，技術的向上を目指しているというそういう狭い意味の教育ではなくて，むしろ，音楽

を先生が先ず使ってですね，先ほど○○先生がピアノでお弾きになっていて，△△先生がここでいろいろ展開なさった，なぜそうするのか，次はお子さん方が非常に感覚的に敏感になるという準備をしているわけです。そして考えたことがすぐ体に出てくる，ということですね。もしそういう準備力があったり，考えたことがすぐできるような状態になっているお子さんが，例えばここで国語とか算数したりしますと，非常に効果が上がるわけですね。これは，幼稚園・保育園でもそうですし，小学校においてもそうですし，国語，あるいは言語指導にベテランの先生が授業をしますね。ところが不幸にもその授業を受けるお子さんが注意散漫だったとします。そうすると国語の指導のベテランの先生も授業効果が上がらないのです。そういう集中力を高めるような教育が，今幼児教育のなかで，あるのかということですね。積極的にそういうものを育てる領域はないですね。6領域とは，何に分かれているのか，言語，社会，自然とか保健体育的な物とか，音楽リズムもありますね。どうしてそう分かれているのか，それは知識・技術をつけやすいだろうということでしょうね。小学校の子どもにしても，なぜ算数，国語，という風に分けているのか。子ども達の実生活はそんなに別れないわけです。今から国語的にこれをやろうとか，今から算数的に，とはならないわけです。それが一緒になってくるわけです。

　例えば，アメリカでもある小学校を見学したことがあります。2〜30年昔の話ですよ。時間割が無いんですね。部屋がありまして，部屋に絨毯が敷いてあって，色々なコーナーがある。ここが確かに数で遊ぶ，ここが音楽的なもの，絵画的なものとか分かれている。子どもが自由に遊んでいる。そういう風な教育をやっているのを見たことがありますけれども，要するに，今の学科制度はなにかと言いますと，それはおそらく知識・技術を磨く，それがしやすいから分かれているということもで

きます。しかし，知識・技術が本当に人間の基本的能力を表すのかどうかというのが問題になってきます。私たちは物事を受け止める時に全体的な把握から始めます。

　一寸難しい話になると思いますけれど，「全体把握（ホワイトボードに記しながら）」例えば，1歳前後から言語が表れてきますね。すると「パ～パッ，ムァ～ムア」という何を言っているかわからないものが，年月が経つとオタアタン，オトウサンになる。最初からある日突然お父さんなどと言わない。そんなになったら気持ち悪い。歌でもそうです。

　この子は，音楽的才能がないのかしら，あの子はあるのに，と思う。しかし，安心してください。才能というのは遺伝しないそうです。教育によってよくなるわけです。何を歌っているのかと思ったら，「ドドソソララソ」だったと。いきなり「ドドソソララソ」とは出てこないんです。「＊＊＊＊＊＊＊…」って言います。「ガガガーガガガーガガガガガガー」何を歌っているのかとおもったら，「ドレミードレミー」前足から「ドレミファソ～」と歌いながら産まれてくる子はいないのです。「ドミソ～」ですね。和音でも，する子はいません。見たことがありません。ところが，リズムは持っているのです。お母さん方の胎内，妊娠3か月以降から，聴覚能力があるのです。夫婦のケンカはこう伝わって中で聞いているのです。そして中の赤ちゃんが気持ち悪くなって動くのです。だから妊娠した人が音楽会に行くと，お腹が動き始めるわけですね。音楽会から出ると止まる。もちろんこれは私には体験できないことですが。中のお子さんが音楽に反応しているわけです。

　さあ，反応するという事は，「全体把握」なんです。なんとなく体で覚えていくんです。あれ，足揃っていないじゃないか，とよく言う人がいる。よく教育の過程をご存じない人なんです。最初からビシッとそろっているという受け止め方はしない。「ターンターン」と鳴っていて

も，こうして，こう行く。全体把握だって言うんですね。だんだん正確度が増してきて，再統合される。そういう過程を経て，人間は発達していく。ですから発達心理学が盛んにおこなわれている。即ち，現在の教育は心理学や生理学を基に教育が行われていくことになる。ですから，なんとか□□（名前）…ああいう教育の典型的な，しつけとかは。人間はどういう風な心理的発達段階をもっていて，素晴らしい人間が教育できるような目途が現在は出来ている。そういう教育が一般的に行われて，どこまでできるかできないかの問題です。したがって，全体把握からいって，技術教育はなぜいけないか。技術をやり過ぎると全体把握を全くしない。部分的把握から入る。だから，ピアノの時，ドを教える。弾かせる。これじゃ，教育じゃない。幼児の小さいお子さん方の発達の段階に逆行したことは教えてはいけない。ドドソソの音は4の指で弾くんですよ。何故かというとラがあるから。そういう把握の仕方をしないうちからやってしまう。より良い教育というのは人間が自然な形で発達するそういう姿がある。それはいわば，精神カラーと言いますか，心理学，生理学によって解明しなくてはならない。人間というものはこういうもの，最も教育に影響を与えたものはジャン・ピアジェというスイス人です。そのジャン・ピアジェの恩師にエドワード・クラパレードという人から，また，ヘルモアというイギリス大学の教授ですが，その人からリトミックをやったダルクローズは影響を受けているわけです。ジャン・ピアジェによりますと，いわば，運動感覚，質的心理学だといわれているわけですね。人間は年齢に必ずしもよらない。1歳よりも2歳，3歳で言葉，しかしあるお子さんは5歳…こういうケースも起きる。ここにいる人が，いつそのお子さんが，伸びていくかはわからない。今の教育はそういうことを無視していると思いませんか。1年生よりも2年生，2年生よりも3年生，人間の発達から遊離した，知識技術を教え込

み，人間は伸びるものを持っているのに伸びることができない。技術というものは，部分的なものを高めていくことであり，全体を高めていくものではない。ドドソソというものは，全体把握だったらどうするのか。音楽に反応することです。集中力を高めることをします。例えば，手を出して，叩いてみましょう。・・・今，止まれなかった人は，集中力に欠ける人です（会場：笑い）・・・目が覚めたでしょう。私たちは発達しながら脳を使わなくてはいけない。脳は，大変に横着なんです。

　お子さん方の準備を，より効果的に学ぶ。音楽でいうと，リズム感のない人がピアノを弾こうとしても，それは無理です。子どもの頃に音感，リズム感を付けてからピアノを学ばせる。日本語を学ぶのにそんなに抵抗はないです。それは日常生活の中で出来上がってから小学校へ行ってしまう。英語はそういうわけにはいかない。英語に対する語彙，語感というものを我々は持っていないわけですから。本質的に全く音としても違う言語ですね。すなわち日本は長短がほとんどありません。ミナサンオハヨウゴザイマス…（一本調子で）英語というのは長短があります。グッドモ～ニングだとかね。準備が出来ていないから英語の学習は効果が上がっていない。トヨタの社員の方も海外へ行かれる準備で英語を学んでいるそうです。そこで，準備ですね。これは，（図を書いて）人間の脳です。しわの多い人は脳の面積が広い。脳には刺激を与える必要がある。交通安全の講習でも45歳ぐらいの方に，刺激を与える必要がある。それが教育の大きい役目。現在の教育はそういうことをほとんどやっていない。リトミックがそういう特徴を持っている。3歳にやっとなったばかりのお子さんが，音楽の刺激が素晴らしいですよね。その刺激である音楽によって海馬が発達する。古代エジプトの時代，音楽は薬であるとされていました。驚きですね。音楽の感受性のない人が音楽療法をやっているのは何でかしら，という事も思います。刺激として音楽は素晴ら

しい。皆さんの資料に書いてありますように，単なる音楽教育ではないんだと。人間形成の一端の助けになるんだと。音楽によって刺激することがそれを五官で受け止める訳ですね。耳とか目とか，これは皮膚のイラストですね。そういうところを通してこれが脳に直結している。そうやって動きは触覚的なのです。音楽を耳にして，全ての主要な感覚器官の総動員で刺激を与えることが出来るので効果的なのです。そしてそれが神経の中枢を通る，そして筋肉組織に行く。さっきなかなか（手を叩くのが）止まらなかった。手が悪い。だから打つのをやめられなかった。先生が止まったと思わない。ところが目じゃない。目と繋がった脳のこの部分がぼやけている。目が悪いのではない。耳が悪いのではない。繋がっているはずの脳が悪い。脳組織とこういう関係があるのです。そこで，どういう関係ならヘルムホルツ（ヘルマン・フォン・ヘルムホルツ）というドイツの科学者がいる。我々が刺激を受けて考える，考えて，その行動との間に間隙が出来る。ロストタイムというのですね。いわゆる逡巡する時間があるのです。それをそうでないように訓練によって行う。ここで，動きますね。動いたら脳にフィードバックされる。動きっぱなしではないのですよ。お子さん方が，さっき，パッと3拍子だったらこう歩こう，2拍子だったらそれを意識して動いて回るのですね。それがフィードバックされ，生理学・心理学的に，例えば，お母様方も英語の文法をご存知ですね。英語の単語もご存じですね。でも，話せますか。思考上，ロストタイムが多い人が多いです。生理学的心理学的な研究が遅れているのではないでしょうか。どうやったらこのロストタイムが消滅していくか。私たちの脳組織はこのように棚になっている。聴いて思考が備わって行動が伴う。これが基本的状況で感覚的に受け留める。そして思考が伴う。ラジオ体操をやっても進歩しませんよ。健康にはなるし，太りにくくなる。これでやっても感覚的にとか，思考が旺盛にとか

はならない。なぜなら，考え思ったことが行動にでるということが重要なのです。これがリトミック教育の大きい特徴なのです。思って，想像したことが行動に出る。その結果がフィードバックされてここに外在化し，棚がひとつひとつ埋まっていくのです。そしたら，何か行動を起こそうとしたときにパッと脳の棚から出てくる。ところがその棚が空っぽの人は行動が出てこないのです。こういう基本的な教育過程，基本的な指導の中に，システムが整っているがどうかが大きく関わっている。脳組織のその中に先生方に言わせますと，行動的にフィードバックされるための年齢が0～1歳から満8歳まで，3，4，5歳が最も大事なのです。私のところの心理学の先生に言わせれば，机の上にうず高く積まれた知識なり，そういうものが入ってゆくのが幼少期なのです。あとはその延長で生きているのだそうです。知能の発達の曲線はこうなります（ホワイトボード）。8歳まで向上し，その後は大学生のころまであまり変わらず，あとは老化現象の一途をたどります。皆さんのお子さんはこの幼児期で，すごく重要です。ですからパリではお父さんお母さんがいい教育を熱心に受けさせる手引きをして心理学的配慮がなされた教育でなくてはならないとされている。そういう教育が他にないわけです。僕がこの本をやっているからいいんだ，という事ではないのです。そしてリトミックを始めたダルクローズという人は私の教育はアメリカにおいて大変に世界的である，文字通りそうなったわけですね。セルビアでミサンジェルがこの教育の方法で，中国でも行っていますし，なぜアメリカなのか。アメリカは心理学的常識が最も広まっている国だからという風に言ったといわれていますけれども，そういう目で先ほどのを見て頂きたいと思います。音楽の技術という事を考慮に入れて見ないでください。さっきのような感覚的なものを伸ばすのが教育なのです。そして技術的に移動するのはその後でいいのです。

じゃあ，（リトミックは）技術的にはどうなのか。もちろんそれは効果があるのです。私は東京である幼稚園の園長もしておりますが，私の園は昨日でしたか，東京ディズニーランドに出演した。何十園もの希望の中からそれは園生がテストによって選ばれるのです。パスしたのですが，お母様方が，あの子は私の子ですから，と自信をもった。この子たちは僕がリトミックを教えていましたから，素地があったと，思うのですよ。しかしリトミックのおかげだ，とみんな言ってくれないのですよ。肥しがあれば，どんなクラスでもすくすくと伸びます。太陽も水も基本的には必要ですよ。その肥しをやることを教育というのです。すなわち，エデュケーションですね。Cultivate，栽培する，耕すという意味ですが，そういう考え方なのです。そしてダルクローズが言っているのは，種子を撒く前に，我々は土を耕してあげなければならないということです。しかし東南アジアは土を耕しもしないで，省エネルギーで撒くわけですね。それでも芽は出てきます。耕さないより，耕した方がその芽は伸びるだろうという可能性があるからです。教育は可能性なのです。耕して撒いても伸びない種もある。そういう時はお互い諦めます。あるんですよ。それでも効果的に伸びるということはかなり実証されているのです。

　教育というものは理論的には可能性の追求ですね。学問的にも重要でしょう。人間の英知によって開発されていく教育というのは素晴らしくお子さん方に可能性を与えると思いますし，今までそういうことが実証されているわけです。ぜひ未来のお子さん方の為に，お友達もお誘いになって，そういう教育をぜひこの豊田でも盛んにやって頂きたいと思います。最後にお子さん方，△△先生の明るいご指導で，活きいきとうまくされていると思いました。これで私のお話を終わりさせていただきます。またいつかお目にかかれたらと思います。[47]

板野は，一国の繁栄は教育にかかっていること，技術・知識教育に対しての疑問，リトミックは全体把握をする為の準備教育であること，感覚器官と脳との関連性を科学的，心理学的に追及することが人間形成のために重要であること，幼児期は子どもの可能性を伸ばす教育をするための重要な時期であること，という事を，リトミック発表をした子どもたちの親に向けて説いている。板野の教育観には，ジャック＝ダルクローズの教育理念が反映されている。また，板野平の教育活動を常に身近に見ていた長女の板野真理氏は，筆者の聞き取りの際に以下の様に答えている。

> 父は，「子どもは集中力なしには，どんな教育も効果が上がらない，集中力を養う教育が必要だ」といつも話をしていました。反射性，反応力，自動性，思考力，想像力，創造力…協調性，社会性，心と体のバランスの取れた発達を促す…人間教育を目指すリトミックと。『リトミック・プレイルーム』[48]を参照しながらよく講義していました。
>
> 指導形態については，全体指導，グループ指導，個別指導と色々な志度形態をおりまぜなから指導しましょうと。／良い（伸びる可能性を秘めた）子ども達に，良い教育を，良い（適切な）時期に，と全国を講習して回りましたが，それを実現されたのが，岩崎先生ですね。／ロザムンド・シューターの「音楽才能の心理学」から，3歳児は聴感覚が一番鋭く（絶対）音感が付く時期なのでと。／これは皆さんが聞かれたことばかりですが，講習会でも家でも熱弁していたことが，懐かしいです。[49]

真理氏が挙げた『リトミック・プレイルーム』は，ジャック＝ダルクローズの教育理念を，板野が日本の幼児教育に適用すべく著したテキストである。日本の子どもの曲を教材に使用し，基礎リズム，音高，音価の把握を「リスさん」「ゾウさん」「ウサギさん」と動物の動きに準える画期的な方法で纏められている。また，板野がジャック＝ダルクローズが提唱した絶対音感獲得

の検討を心理学的見地からも探ろうとしていたことが見てとれる。さらに，真理氏は以下の様にも述べた。

> 日本で子どもの指導をするためには，ニューヨークで学んだことだけでは間に合わない。父は幼児のリトミックの効果的な展開として「動き，遊び，歌唱教材，楽器，物語的展開」というのを研修で話していた。それを『リトミック・プレイルーム』に書いた。自分は子どもを教えながらでないとリトミックを大学で教えられないので，子どもを教え始めた。その後ご縁があって犬目幼稚園に行くことになった。[50]

板野はジャック＝ダルクローズの原著を紹介するのみではなく，ジャック＝ダルクローズの教育理念を幼児教育の場においても実践し，実証すべく『リトミック・プレイルーム』に纏めたのである。板野はこの著書が音楽専門書としてではなく，幼児教育や保育において教育テキストとして販路が広がることは，リトミックの普及に大いに繋がる，と喜んでいたという。真理氏への聞き取りの中で，幼児教育への普及の取り組みを受け継いだ，と名の挙げられたのは，リトミック研究センターの代表理事岩崎光弘氏である。板野は国立音楽大学教育音楽学科Ⅱ類の教授として，リトミックを専攻する学生を教多く教育界に送り出している。板野のリトミック教育の対象者は幼児，保護者，学生，更に教育の場に送り出した教師・社会人にまで至った。

③ 板野平の果たしたリトミック導入における役割

　板野が留学から帰国する1年前の1955年に，小林は手書きの原稿に「広島の某中学の先生がこの学校に留学された」[61]と記している。「この学校」とはアメリカのニューヨーク・ダルクローズ音楽学校のことであり，広島からリトミックの留学生が渡米していることは当時の音楽教育界でも知る人がいたことが判る。1956（昭和31）年，留学中の板野は29歳，国立音楽大学で講師をしていた小林は63歳，日本女子体育短期大学教授の天野は65歳であった。板野はニューヨークでの足かけ5年間の留学を終え，1956（昭和31）年に卒業し，帰国直後から国立音楽大学の講師として小林と共にリトミック教育に携わった。2年後の1958（昭和33）年には国立音楽大学附属中学校が文部省からリトミック教育の研究指定校を委嘱された。板野は1963（昭和37）年に文部省教材等調査研究会の委員となり，その後も学校教育に目を向けていくこととなる。板野は国立音楽大学音楽学部教育科第Ⅱ類（リトミックを中心に学ぶコース）の主任となり，幼児教育者，音楽教室の教師，中学校，高等学校の教師を数多く輩出した。その傍ら，幼児向けのリトミック指導のためのテキスト『子供のためのリトミック』[62]，『リトミック・プレイルーム』，『リトミック・ソルフェージ』[63]を出版，さらには各地方へリトミック講習会講師として全国をまわり，保育や幼児教育でのリトミックの普及がなされていった。板野が担った戦後のリトミック教育は，子どもたちに有効な教育法を模索していた時代の希求に応え，保育・幼児教育の現場を中心に急速に広がっていった。また，全日本リトミック音楽教育研究会をはじめとするいくつかの研究会の発足，民間のリトミック教室等の組織的な活動が活発化した。同時に，板野が多くのジャック＝ダルクローズの著作の訳出を手掛けたことは，彼の音楽教育活動の中で極めて重要なことであると思われる。

　それまでの我が国においては，ジャック＝ダルクローズの論文集は部分

的にしか紹介されておらず，板野によって初めて Le rythme, la musique et l'éducation の全訳がなされた。この『リズムと音楽と教育』を訳した 1975 年当時，板野は 47 歳であり，大学の講義や NHK の教育番組への関わり，文部省が関わる教育実験，日本音楽研究会の講師等，多忙を極めている状況であった。『リズムと音楽と教育』の 1975 年版は英語訳からの翻訳であったが，日本のリトミック学習者達が初めて容易にジャック＝ダルクローズの理論に触れられるようにしたことは板野の成した業績である。板野は「この本は，ジャック＝ダルクローズ氏の手になる最初の著書であり，リトミックの研究過程を知り，リトミックの理論を知る上で（中略）必読の書である」[54]と記し，更に適切な訳を求めて 2009 年には監修者として改訂版を出版した。その他にも複数の版が出版されていることから判るように，リトミック研究者にその重要性が認識されている論文集である。板野は実践を行うだけではなく，確かな教育理念の理解を持つことが我が国のリトミック普及に必要であると考えていたと推察される。

　さらに，板野は『リズムと音楽と教育』を訳出した後，所収の論文「学校音楽教育改革論」を全日本リトミック音楽教育研究会の会報に紹介し，教育学，心理学，生理学的な見地から検討する試みをした。板野はジャック＝ダルクローズの「学校教育への取り組み」，「音楽教育観」，「技術・方法論」のみだけではなく，さらに他分野の学者の論を参照し，「真の教育者は，同時に，心理学者，生理学者，芸術家でもあらねばならない」[55]とも述べるジャック＝ダルクローズの考えを補強していった。スイスの心理学者ジャン・ピアジェの「音楽的概念，経験，探究，分析，符号化，創造，発見，応用などの諸活動が，音楽によってこそ最も効果的に展開される」という人間形成，人間教育の理念を紹介し，また，音楽教育が集中力を養うことについては，マーセル（James L. Mursell），ヴァーノン（Philip E. Vernon），ウインク[56]，レヴェス（Géza Révécz），シューター（Rosamund Shuter P.G.）ら音楽心理学者の名を挙げ，「子供の知覚の段階は，先ず全体的な把握から，部分的な把握に

移行する」と記した。マーセルの著作には，音楽教育に心理学的見地を加えることの意義が記されている。板野は「リトミックにより近いところを知るためにはこれらを一層心理学的に究めていく必要があろう。特に，心理学の分野が今後進歩すればするほど，リトミックの教育についての真価が高く評価されていくものと考えられる」[57]と述べ，リトミックを心理学の視点から検討していく必要性を説いている。ここから板野がリトミックと心理学との密接な結びつきを考察しようと強く意識していたことが読み取れる。さらに，『リズムとテンポ』[58]を著した音楽学者クルト・ザックス（Curt Sachs）と，哲学者プラトン（Platon），ジャン・ジャック・ルソー（Jean-Jacques Rousseau），ドニ・ディドロ（Denis Diderot）らの言葉を併記し，西洋のリズムのあり方を歴史的に検討する試みを行っている。このように板野が広範な分野の学者の引用を試みていることは注目に値するものである。その方法はリトミックに対する持論を展開するのではなく，あくまでジャック=ダルクローズによって述べられた言葉を忠実に伝え，解釈し，自らの音楽教育観を深めていくものであり，このことはリトミック原論の研究に極めて大きな貢献をしたと考えられる。

　リトミックの黎明期の後に，その導入に関わった小林宗作，天野蝶らの時代はリトミックの紹介の時期であったと言える。これらを受けて，リトミック研究は学術的背景を取り上げていかなければならない時代になってきたということを板野は明確に示していた。板野は日本におけるリトミックの導入史において，リトミックの理論の探究者であると位置づけることができよう。

　また，板野の取り組みは日本における評価に留まらなかった。2004年にはInstitut Jaques Dalcroze Genèveから名誉ディプロマ[写真2]を贈与されたのである。この名誉ディプロマは世界で4人目の授与者であるという。既に1965年にはニューヨーク校より感謝状[写真3]が送られている。板野にリトミックを学んだ後，更にダルクローズ学校においてリトミックを学ぼうと希望する多くの教育者を，ニューヨーク，ジュネーヴ，ロンドン校な

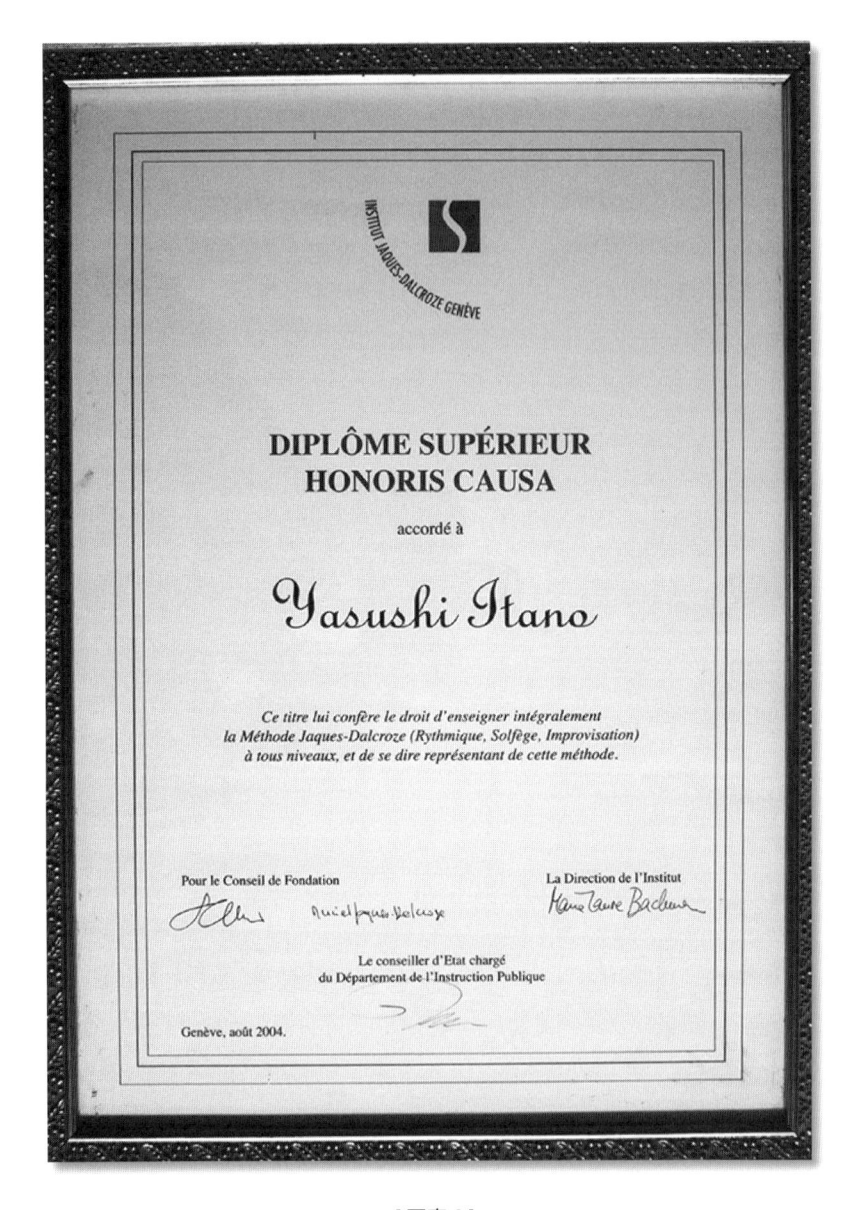

[写真２]
2004　DIPLÔME SUPÈRIEUR HONORIS CAUSA
La Dinection de l'Institut　Marie-Laure Bachmann らのサインが記されている

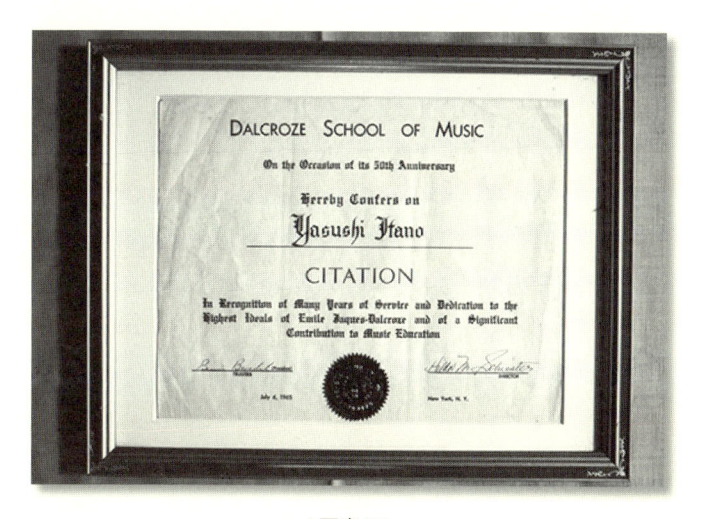

[写真3]
1965 CITATION
New York Hilda M. chster らのサインが記されている

どへ送り出した功績が認められてのことであった。ここに見られるように，数十年に亘る板野のリトミック教育の取り組みは，日本で普及したに留まらず，世界的にも評価を得ることとなり，我が国のリトミック教育の高まりを世界に示すに至ったのである。

■ まとめ

　5章では，小林，天野，板野の3人による我が国へのリトミックの導入の取り組みを通覧してきた。これ以前の日本においては，歌舞伎，演劇，舞踊等の身体運動を活用する分野の関係者らがそれぞれの領域において紹介をし，リトミックを活用してきたという流れがあった。この白井規矩郎，倉橋惣三，石井漠らがリトミックに着目した黎明期があったからこそ，小林はリトミックを音楽教育，幼児教育界への紹介に繋ぐことが出来たとも言える。昭和初期の日本においては，鍵盤楽器の演奏に長けた教育者ばかりではない状況にあった。その中で天野がリトミック指導の際の楽器をタイコに替

えたことは，リトミック普及の一つの転機となったといえる。天野はリトミック教師がピアノの即興演奏に対する苦手意識を持つことなく実践できるように，自ら動きと伴奏を考案した子どもの曲をテキスト化し，示したのである。これにより，幼児教育界，体育教育界へのリトミック普及は加速した。小林と天野は 1 年から 2 年余りの留学であったが，彼らが日本への紹介，普及の足固めをした後に，板野は足かけ 5 年のリトミック留学をし，CERTIFICATE の資格保持者 [写真 4] となって帰国をした。3 者の取り組みが時間的にも内容的にも繋ぎ合わされ継続されたことにより，現在の我が国のリトミックの発展期が訪れていると考えることができよう。

　結果として，小林はリトミックの紹介者，天野はリトミックの普及者，板野はリトミックの理論の探究者としての役割を果たし，音楽教育法としてのリトミックを日本に導入し，さらに，日本でのリトミック普及は世界的にも評価されるところまでになったのである。

[写真 4]
1956　CERTIFICATE
New York Hilda M. Schster らのサインが記されている

【注および引用文献】
①山名淳『夢幻のドイツ田園都市』ミネルヴァ書房（2006）p.3
②フランク・マルタン他著，板野平訳『エミール・ジャック＝ダルクローズ』全音楽譜出版社（1977）p.296
③小林宗作（1934）「歐米音樂教育界の相」，學校音樂研究會編集『學校音樂』8月号所収，共益商社書店，pp.18-20
④小林宗作（1929）「幼稚園教育の可否に就て」『教育問題研究』34号所収，成城学園教育研究所，pp.65-66
⑤日本女子大學校「家庭週報五八〇四號」大正8年2月11日発行2面
⑥小林宗作「ダルクローヅ氏の新音樂教授法（リトミック）」『教育問題研究』65号，成城学園教育研究書（1925）pp63-66
⑦「新渡戸稲造を支えた祈り」www.tokibo.co.jp/vitalite/pdf/no42p01int.pdf（2016.1.3閲覧）
⑧小林宗作（1935）「総合リヅム教育概論」，（1978）『大正・昭和保育文献集』第4巻所収，日本らいぶらり，p.143
⑨余談ではあるが，筆者は2013年3月9日の11時にも電話で武子氏への聞き取り取材に及んでいた。武子氏は「私はダルクローゼ先生から，『タケコ，日本の歌をクラスのみんなに歌って』と言われ，ステージの真ん中に立たされましたの。私は夢中で「鳩…（不明）……」と歌い始めましたのに，緊張で，お粗相をしてしまったのです」と話されたが，この「鳩…（不明）……」の部分に差し掛かった時に，東日本大震災の予兆の揺れが20秒ほどあったのである。3.11の2日前であった。筆者はこの瞬間「加藤さん，揺れています！」と叫び，何の歌を歌っていらしたのかを聞き逃してしまった。しかし，武子氏は揺れや筆者の大声にも動ずることなく，話を続けていたのである。「ジュネーヴの大きな体の外国の子ども達とリトミックを学んだ経験があるので滅多なことでは動揺しないのです」とはご本人の談による。
⑩齋藤道子氏への聞き取りは，2013年3月，埼玉県所沢市ひまわり保育園で行った。
⑪国立音楽大学附属小学校校長横澤敬蔵氏への取材及び資料閲覧。（2011.10.17及び2011.10.24）
⑫小林宗作「幼な児の爲のリズムと教育」（1938）『大正・昭和保育文献集』第4号所収，日本らいぶらり（1978）p.220
⑬同上書，p.201
⑭同上書，p.201
⑮同上書，p.201
⑯エミール・ジャック＝ダルクローズ著，山本昌夫訳，板野平監修『リズムと音楽と教育』全音楽譜出版社（2003）p.76にこの記述がある。
⑰小林宗作（1935）前掲書，p.129
⑱小林宗作（1938）前掲書，pp.202-203
⑲同上書，p.206
⑳エミール・ジャック＝ダルクローズ（2003）前掲書，p.114
㉑同上書，p.242
㉒小林宗作「綜合リヅム教育概論」（『大正・昭和保育文献集』第四巻実践編，日本らいぶらりい，1978，pp.123-198），（1935）
㉓小林恵子「綜合リヅム教育概論」解説（『大正・昭和保育文献集』別巻，p.94），（1978）
㉔同上書，p.126
㉕エミール・ジャック＝ダルクローズ（2003）前掲書，p.126
㉖同上書，p.127
㉗美輪明宏氏への聞き取りは，2011年10月13日，立正大学品川キャンパス石橋湛山記念講堂において，美輪氏の「生きやすい生き方」講演が行われた際の楽屋にて行った。

㉘天野蝶『天野式テクニック・リトミック』共同音楽出版社 (1969)p.20
㉙同上書 p.20
㉚同上書 p.21
㉛雑誌コピーの内容から，1962年の記事と思われるが，一部が欠けているため，判読不明の部分は＊＊＊で記した。「"体操おばあちゃん"の若さの秘訣」『週刊読売』pp.76-77
㉜同上コピー『週刊読売』p.78
㉝筆者は小林恵子氏より，研究ノート，雑誌コピー，録音テープ等の資料を託された。この原稿はその一部である
㉞社会福祉法人向日葵会理事，齋藤道子氏への聞き取りは2013年3月，所沢市ひまわり保育園にて行った。
㉟天野蝶『天野式テクニック・リトミック』共同音楽出版社（1969）p.38
㊱同上書 p.38
㊲同上書 p.30
㊳同上書 p.92
㊴同上書 pp.41-43
㊵小林宗作関連の研究ノート，雑誌コピー，録音テープ等の資料は小林恵子氏より拝借。この原稿はその一部である。
㊶天野蝶『幼児リトミック〈天野式〉』共同音楽出版社，（1966）p.126
㊷板野晴子「天野蝶による日本へのリトミック受容に関する一考察―天野の指導内容を視点として―」『ダルクローズ音楽教育研究』Vol.37, 日本ダルクローズ音楽教育学会, （2013），p.10 参照
㊸日本女子大学の白井規玖郎から継承されたリトミックについて，天野蝶とその教え子湯浅弘子の取り組みの詳細は, 拙著『日本の音楽教育におけるリトミック導入の経緯』風間書房（2015）に纏めてある。
㊹谷本清の巡回講演旅行日記より
㊺虎竹はペスタロッチ著 Meine Nachforschungen über den Gang der Natur in der Entwicklungdes Menschengeschlechts の訳書『探究』（玉川大学出版，1966）を出している。
㊻日本からニューヨークのダルクローズ・スクールへ留学した者からは「Dr. シュースター」と呼ばれている。
㊼講演の日時不明。家族によるとおそらく板野が60歳前後の頃であろうとの事である。
㊽板野平『リトミック・プレイルーム』ひかりのくに出版社（1975）
㊾板野真理氏への聞き取り。2016年1月17日，埼玉県川越市での面会，電話，メールでのやり取りによる。
㊿前掲㊾と同様
㊱小林宗作「幼児のためのリズムによる教育―リトミック―」ガリ版刷りプリント（1955.10.20）
㊲板野平，小林宗作共著『子供のためのリトミック』国立音楽大学出版部（1960）
㊳板野平『リトミックソルフェージュ』ひかりのくに出版社（1980）
㊴板野平監修, 山本昌男訳, 前掲書（2003）序文 p. iv
㊵エミール・ジャック＝ダルクローズ（2003）前掲書 p.127
㊶ここに挙げられているウインクは，Herbert Wing（1883-1958）のことと思われる。Wingは音楽家であり，心理学者であるとともに学校教育の実践経験もあった。シーショア以降の音楽の鑑賞テストの改革を行った人物。イギリス人。
㊷板野平「学校音楽教育改革論 ダルクローズの思想をめぐって」全日本リトミック音楽教育研究会会報43号（1985）p.2
㊸クルト・ザックス著, 岸辺成雄訳『リズムとテンポ』音楽之友社（1979）

おわりに

　ジャック＝ダルクローズの考えは，リトミックによって「何よりもまず，子どもたちが自分たちの人格性に目覚め，自分たちのもってうまれた気質を伸ばし，一人ひとりの命のリズムをあらゆる障害から解放すること」にあった。彼はリトミック（＝リズム教育）そのものが，多方位から人間形成に寄与することのできる教育法であることを確信していたのである。

　スイスのジュネーヴやドイツのヘレラウから全世界に広まったリトミックへの関心の高まりは，日本人にも聞き及ぶところとなった。白井規矩郎が長年に亘り音楽と体育の2つの分野からの研究を経て到達したのが，リズムに合わせて体操をする「韻律体操（リトミック）」である。幼児教育とリトミックの関係を検討した倉橋惣三は，リズムが子どもの全体の教養に大きな関係を持つものであり，それがリトミックであると結論づけるに至っている。また，石井漠は舞踊教育とリズム教育の関連性をリトミックによって定義づけようとした。彼らはジャック＝ダルクローズの理念をそれぞれの専門分野において具現化したのである。このように，音楽教育のみならず体操教育，幼児教育，舞踊教育という分野に影響を及ぼすことについては，リトミックにはルソー，フレーベル，ペスタロッチ等，多くの教育哲学，思想に呼応する理念が含まれているところに起因すると考えられる。

　ジャック＝ダルクローズがリトミックを創案してから既に120年以上が経った。日本におけるリトミックの黎明期に，夫々の分野における先人たちが果たした役割は，「子どもたちの人格性を目覚めさせ……」というジャック＝ダルクローズのリトミックの理念に沿うものであったといえよう。黎明期から導入期，そして今後の充実期をどのように迎えていくのか，この先も日本におけるリトミックの歴史の先を興味深く見てゆきたいと考えている。

取材協力・資料提供者一覧（順不同，敬称略）

小林　恵子（国立音楽大学名誉教授）
伊藤　直江（リズム企画リトミック講師）
柿本　因子（比治山大学教授）
横澤　敬蔵（国立音楽大学附属小学校校長）
加藤　武子（新渡戸稲造令孫）
加藤　幸子（加藤武子長女）
佐藤　全弘（大阪市立大学名誉教授）
内川頴一郎（財団法人新渡戸基金理事長）
藤田　　茂（財団法人新渡戸基金事務局長）
新渡戸常憲（十和田市立新渡戸記念館館長代理）
角田美恵子（十和田市立新渡戸記念館学芸員）
齋藤　道子（社会福祉法人向日葵会顧問，ひまわり幼稚園理事）
永倉　栄子（天野式幼児リトミック研究所所長）
折田　克子（舞踊家，石井みどり折田克子舞踊研究所主催）
早川ゆかり（舞踊家）
美輪　明宏（本名：丸山明宏，歌手・俳優・アーティスト）
太田　直子（太田司朗家人）
沖村　裕史（広島流川教会牧師）
善本　桂子（広島文京女子大学教授）
谷本　　純（谷本清三女）
永柴　義昭（全日本リトミック音楽教育研究会広島支部長）
森川　明水（広島市音楽教師）
岩崎　光弘（特別非営利活動法人リトミック研究センター代表理事）
杉本　　明（特別非営利活動法人リトミック研究センター理事）
栗栖　勝栄（特別非営利活動法人リトミック研究センター富山第一支局長）
山本　昌男（元 NHK プロデューサー・ジャーナリスト）
福嶋　省吾（日本ダルクローズ音楽教育学会会長）
風間　敬子（風間書房代表取締役）
湯浅　弘子（元日本女子大学附属豊明小学校教諭）
板野　真理（板野平長女）

※所属はご協力いただいた当時のものである

謝　辞

　2015年は筆者にとって特別な年であった。「はじめに」の項でも触れたが，リトミックの創案者エミール・ジャック＝ダルクローズの生誕150周年の年度に，本書が出版されることは，リトミック研究に携わる者として非常に感慨深いものがある。
　立正大学において大学人としての本務に携わりながら，博士後期課程へ在籍して学びの時間をとることに対し，社会福祉学部の学部長をはじめ，学科主任，同僚の皆様がその道を開き，快く背中を押して下さった。立正大学社会福祉学部の先生方のご配慮がなければ，この研究が形を成すことはなかったであろう。拙著出版に際して，立正大学石橋湛山記念基金の助成を頂いたことへも感謝を表したい。また，明星大学大学院人文学研究科に在籍中，博士後期課程においてご指導下さった明星大学副学長の佐々井利夫教授に，心より御礼申し上げる。テーマが歴史研究であるという性格上，博士論文を書き終えてからも，日々明らかになる史実を修正，編集する必要が生じた。課程修了後も不躾に何度も足を運ぶ筆者に，佐々井教授は常に新たな知見を授けてくださった。再度，教育学の視点から理念や歴史の検討を深める学びをさせて頂いたことは，まるで後期課程に2度在籍しているような幸せな機会でもあった。
　文献調査のみでは得られない，多くの方々のご厚意，ご協力，繋がりを頂いたことにより，我が国のリトミック導入史の認識の一部を新たにすることができた。風間敬子氏との出会いが白井研究に必須であった日本女子大学関係の資料を付加する手がかりともなった。複数回に亘る取材毎に詳細な資料をご提示下さった湯浅弘子氏にも御礼申し上げる。石井折田舞踊研究所資料室への常時出入りをご許可下さった折田克子氏，早川ゆかり氏，ご協力いただいた方々にお一人ずつお礼の言葉を述べさせていただくことが叶わぬ事をご容赦願いたい。また，音楽教育研究者として常に私の前を歩み，リトミック研究の方向を示唆してくれる我が夫，板野和彦の存在は実に有難いことであった。私事ではあるが，ここに記させていただく。立正大学社会福祉学部での研究・教育活動と助成，明星大学博士後期課程での学び，家族の助力，そして，ななみ書房代表取締役の長渡晃氏，多くの方々の支えがあって叶った出版であることを心に留め，末筆ながら皆々様に深甚なる御礼を申し上げる。

　　2016年1月

　　　　　　　　　　　　　　　　　　　　　　　　　　　板野　晴子

著者略歴

板野　晴子（いたのせいこ）

1986 年 武蔵野音楽大学音楽学部声楽科卒業，学士（芸術）
2002 年 信州大学大学院教育学研究科修了，修士（教育学）
2014 年 明星大学通信教育課程人文学研究科教育学専攻後期課程修了，博士（教育学）
現　在　立正大学社会福祉学部子ども教育福祉学科准教授
　　　　日本ダルクローズ音楽教育学会常任理事
　　　　リトミック研究センター指導者資格ディプロマ A 取得者

[主な著書]
『保育指導法 子どもの遊びとその環境』保育出版社，1999 年（分担執筆）
『リトミック研究の現在』開成出版，2003 年（分担執筆）
『リトミック実践の現在』開成出版，2008 年（分担執筆）
『ピアノレッスンのためのリトミック』カワイ出版，2012 年（分担翻訳）
『リトミックの理論と実践の調和をめざして』開成出版，2015 年（分担執筆）
『日本の音楽教育へのリトミック導入の経緯』風間書房，2015 年（単著）

日本におけるリトミックの黎明期
2016 年 3 月 25 日　第 1 版第 1 刷発行

●著者	板野　晴子
●発行者	長渡　晃
●発行所	有限会社　ななみ書房
	〒 252-0317　神奈川県相模原市南区御園 1-18-57
	TEL　042-740-0773
	http://773books.jp
●装　丁	磯部錦司・内海　亨
●印刷・製本	協友印刷株式会社

©2016　S.Itano
ISBN978-4-903355--58-0
Printed in Japan

定価はカバーに記載してあります／乱丁本・落丁本はお取替えいたします